U1008030

本书受到湖南师范大学政治学省级重点学科和
湖南师范大学博士出版基金资助

和谐社会构建中的和谐消费研究

Research on harmonious consumption in construction of harmonious society

刘 艳 著

知识产权出版社
全国百佳图书出版单位

内容提要

本书以当代中国的社会现实为背景和出发点，采用多学科的系统的研究方法，试图发掘和构建有中国特色的新型消费——和谐消费的深刻意蕴，阐析经济、社会、人的发展及自然环境保护与消费的深层关系，援引马克思主义的相关思想资源及社会主义和谐社会的内容实质，来探索和谐消费的理念构建及实现路径，使我国走上科学发展道路，最终实现社会主义和谐社会与人的全面自由发展。

责任编辑：于晓菲　　　　**责任出版**：刘译文

图书在版编目（CIP）数据

和谐社会构建中的和谐消费研究/刘艳著. —北京：知识产权出版社，2013.4

ISBN 978-7-5130-1979-8

Ⅰ.①和…　Ⅱ.①刘…　Ⅲ.①消费者权益保护—研究—中国　Ⅳ.①D923.84

中国版本图书馆CIP数据核字（2013）第059899号

和谐社会构建中的和谐消费研究

HEXIE SHEHUI GOUJIANZHONG DE HEXIE XIAOFEI YANJIU

刘　艳　著

出版发行：知识产权出版社

社　　址：北京市海淀区马甸南村1号　　邮　　编：100088

网　　址：http://www.ipph.cn　　邮　　箱：rqyuxiaofei@163.com

发行电话：010-82000893转8101　　传　　真：010-82005070/82000893

责编电话：010-82000860转8363　　责编邮箱：rqyuxiaofei@163.com

印　　刷：知识产权出版社电子制印中心　　经　　销：新华书店及相关销售网点

开　　本：720mm×960mm　1/16　　印　　张：10.5

版　　次：2013年5月第1版　　印　　次：2013年5月第1次印刷

字　　数：143千字　　定　　价：32.00元

ISBN 978-7-5130-1979-8

出版权专有　侵权必究

如有印装质量问题，本社负责调换。

作者简介

刘艳，女，1974 年出生，湖南衡阳人。法学学士、经济学硕士、法学博士。湖南师范大学公共管理学院教师、讲师。多年从事政府经济学、管理学、普通逻辑学、思想品德修养、马克思主义基本原理、演讲与口才等课程的教学，多次获优秀教学奖，获 2012 年湖南省普通高校教师课堂教学竞赛（管理学原理组）二等奖。先后在《湖南师范大学学报》、《深圳大学学报》、《湖南医科大学学报》、《湖南铁道学院学报》、《教师》等各类刊物上发表论文十多篇。主持完成湖南省教育厅课题“新时期我国县域文化产业发展模式研究”；主持完成湖南省人文社会科学研究基地开放基金课题“国外县域科学发展的经验与教训研究”；主持完成校管课题两项；参与编写专著两部等。

序　言

当前，中国人民正在为建设社会主义和谐社会、实现中华民族的伟大复兴而奋发努力，实现和谐消费是构建和谐社会的重要环节。而改革开放以来，在消费领域出现了许多不和谐现象，给中国的经济社会发展带来一定的消极影响。全球性的环境污染、能源资源紧缺等问题更加促使每个国家正视消费变革的必要性。中国要继续保持强劲的发展态势，就必须转变发展模式，引导经济平衡、协调、可持续地发展。而建设社会主义的和谐消费，就能够发挥其对经济、社会的引导作用，满足人们日益增长的物质、文化需求，实现人与社会全面和谐的发展目标。因此，要实现构建和谐社会的目标，实现人的全面自由的发展目标，不仅要改变生产方式，更要改变生活与消费方式，构建崭新的社会主义消费，即构建与社会主义和谐社会的内涵相承接，以实现人与自身、人与社会、人与自然和谐发展为目标的人本、公平、生态、全面均衡的和谐消费。

消费对于经济发展、社会和谐究竟有着怎样的作用？什么是和谐消费？和谐消费的具体内容是什么？和谐消费有什么意义？现实的消费失谐表现在哪些方面？失谐的原因是什么？怎样实现和谐？这些问题都是本书中尽量阐释和深入论述的内容。

和谐消费是与经济健康发展、社会全面进步、自然生态平衡相适应的消费理想状态。只有在现实中理顺了消费与经济、消费与社会、消费与自然等多方面关系，才能实现和谐消费，才能达到人与自身、人与他人、人与经济社会、人与自然的和谐统一，最终实现人和社会的全面自由发展。

本书以当代中国的社会现实为背景和出发点，采用多学科的系统的研究方法，试图发掘和构建有中国特色的新型消费——和谐消费的深刻意蕴，阐析经济、社会、人的发展及自然环境保护与消费的深层关系，援引马克思主义的相关思想资源及社会主义和谐社会的内容实质，来探索和谐消费的理念构建及实现路径，使我国的消费领域走上科学发展道路，最终实现社会主义和谐社会与人的全面自由发展。

刘　艳

2013 年 2 月 16 日于湖南师范大学

目　录

导　论

一、选题依据与意义

（一）选题依据

实现社会和谐，建设美好社会，是人类孜孜以求的理想，也是马克思主义政党不懈追求的一个社会理想。马克思认为，人首先是一种自在存在物，具有自然属性，因而与自然界发生客观的物质联系，这种自然属性决定了人的存在必然要求满足其物质生活方面的需要。与此同时，人具有社会属性，人又是社会的人，人的本质就是“社会关系的总和”，这种社会属性要求处理好人与人、人与社会之间的关系。人是社会的人，社会是人的社会。人的自然属性与社会属性的同时存在，意味着人类社会始终离不开人与自然、人与社会这双重关系。因此，构建和谐社会是为了达成这双重关系之和谐，最终实现人的全面自由发展。

当代中国正处于几千年来演变发展的伟大历史中的一个关键时刻，十三亿中国人民正在为建设社会主义和谐社会，实现中华民族的伟大复兴而奋发努力。2005 年，党的十六届四中全会第一次提出了“构建和谐社会”的战略决策。“和谐社会”的内涵十分丰富，概括言之，和谐社会是一个“民主法治、公平正义、诚信友爱、充满活力、安定有序、人与自然和谐”的社会。它具体表现在以下几个方面 ：一是人自身的和谐，二是人与自然的和谐，三是人与人及人与社会的和谐，四是国家内部系统诸要素的和谐，国家是涵盖经济、政治、文化等许多要素的相互联系、相互依赖、相互影响、相互制约的有机整体。

无论是人自身的和谐、人与自然的和谐，还是人与人及人与社会的和谐、国家内部系统诸要素的和谐，都与人的消费活动相关。消费不仅是一切经济活动的起点、终点和新的起点，而且构成了人的一种生活方式，它涉及到人的生活的方方面面。只有提高消费质量，才能更好地满足人们日益增长的物质文化需求，才能实现人的全面发展和自由解放；只有实现消费的和谐，才有可能从日常生活的角度，真正构建起和谐的社会生活，因此，和谐社会内在地包含了和谐消费。

随着科技的进步和物质生产进入后工业化时代，社会经济越来越依赖于消费者，越来越受消费者需求的指引，这已是市场原理下的一种社会规律。“如果说 19 世纪是生产者创造世界的话，那么在 20 世纪，特别是从 20 世纪的下半叶开始，正在进入消费者创造世界的时代”。[1] 人的消费需求包括物质需求、精神需求、生态需求等。人与自然的和谐实质就是满足人们的生态需求。人与人及人与社会的和谐、国家内部系统诸要素的和谐则综合性地反映了人的社交需求、政治需求、经济需求、文化需求等，这些需求虽然有些不是直接的消费需求，但作为一种生活需求，它们是推动人们消费需求不断满足的力量。上述消费需求的不断满足，又进一步推进各种和谐要素的进步及其发展，因为需求既是一种目的，也是一种手段，它通过需求目标的激励作用，促使国家和社会不断消除不和谐因素，从而实现社会的全面和谐。因此，要建立和谐消费，需要通过促进人的全面发展来实现人自身的和谐，通过缩小消费差距来实现人与人及人与社会的和谐，通过选择生态消费方式来实现人与自然的和谐等等，从而最终实现人的物质需求、精神需求、生态需求的满足。

目前，我国已正式超过日本成为世界第二大经济实体，进入全面建设

---

[1] 戴慧思，卢汉龙．消费文化与消费革命［J］，社会学研究，2001（5）．

小康社会阶段。我们享受到了经济快速增长的好处，但也正为资源的挥霍浪费、严重的环境污染及产品安全等问题付出高昂代价。中国要继续保持强劲的发展态势，就必须转变发展模式，引导经济平衡、协调、可持续地发展。❶

“十二五”规划的关键目标之一，是让中国民众享受繁荣带来的好处，以及把经济中心从投资和出口转向消费。经济发展方式的转变决定了研究消费问题的重要性和迫切性。建设社会主义的和谐消费、发挥其对经济、社会的引导作用，对于促进国民经济的良性循环、构建社会主义和谐社会具有十分重要的意义。同时，和谐的消费能满足人们高层次的物质文化需要，培养人们高尚的品德、高雅的情操、提升人们高层次的精神境界，从而促进人的身心健康和全面发展。❷

然而由于经济体制的漏洞，传统文化意识的影响和全球化浪潮下消费主义文化的渗透，加上现代传媒的推波助澜，在消费领域出现了许多不和谐现象：比如日益扩大而且显现化的消费悬殊问题、生态环境继续恶化与消费增长的矛盾、西方消费主义的文化霸权、中国新兴阶层的奢侈消费风气等等；比如消费者盲目追求高档消费，带来沉重的生活负担，造成精神压力的超前消费；比如远远超过自身合理需求和地球承受能力的以及炫耀身份、地位和自我价值的挥霍性消费。这些给中国的经济社会发展带来一定的消极影响，不和谐消费使得人均消耗资源量急剧增加，再加上世界人口不断增加，加速了资源的耗竭和环境的污染，导致人与自然的关系处于尖锐对立的矛盾状态。森林锐减、水土流失、土壤荒漠化、生态失衡、大气污染、温室效应、臭氧层破坏、江河湖水以及海洋污染、水质恶化、淡水资源短缺等等，无不和过度消费有关。不和谐消费也导致了穷人与富人

---

❶ 刘艳. 和谐消费与消费文化的当代建构［J］，深圳大学学报（人文社会科学版），2011（3）.

❷ 刘艳. 和谐消费与消费文化的当代建构［J］，深圳大学学报（人文社会科学版），2011（3）.

之间、穷国与富国之间的消费不公平。并且，迅速耗竭的资源和不断加剧的环境污染，实际上是当代人提前消耗了本应该属于后代人的资源，导致了代际不公平。最后，不和谐消费崇尚物质消费，使人陷入在异化消费中，认识不到自己真正需求。片面追求物质消费的结果必然导致社会高度的物质文明和相对低下的精神状态并存的畸形发展，突出表现在人们的幸福感降低、进取心减弱、精神颓废甚至道德堕落等方面。

消费异化是受消费主义影响的结果，当代资本主义的扩张主要是通过价值体系的渗透实现的，而在消费领域，它表现为消费主义的蔓延。消费主义已经成为现代社会的一种意识形态，成为全球资本主义扩张的一个手段。它把西方经济发达国家的生活样式作为“好生活”的样板向不发达国家兜售，通过各种传媒手段把德国的奔驰和宝马、美国的可口可乐和西部牛仔服装、法国的葡萄酒和香水作为“上等人”的消费符号推向全世界，把民族各异的文化品位、生活方式和审美情趣在不知不觉中改造成为西方式的消费文化。它以非政治化的形式，以普遍伦理、审美、风尚的形式为不发达国家的个人生活提供一种文化尺度。它在不知不觉中把消费主义的价值体系塑造成为至高无上的价值观念和生活规范，把西方消费社会的生活方式和价值观念变成统治世界的生活方式和价值观念。❶

西方马克思主义者认为未来社会主义革命不是发生在生产劳动领域，而是发生在消费领域，生态危机将成为社会革命的导火线。

消费领域存在的这些问题严重地影响了人们的生活，影响着社会风气，造成了巨大的环境压力，制约着人的全面发展和和谐社会的实现。严峻的现实引发我们不得不思考：消费对于经济发展、社会和谐究竟有着怎样的作用？国家要倡导什么样的消费理念？我们应该怎样消费？这些问题都是本文将要尽量解释和深入论述的内容。对此本书提出的基本理念是，要实现构建社会主义和谐社会的目标，实现人的全面自由的发展目标，就

❶ 张兴桥. 消费异化与消费伦理［D］，吉林大学，2004.

要构建崭新的社会主义消费，即构建与社会主义和谐社会的内涵相承接，以实现人与自身、人与社会、人与自然和谐发展为目标的人本、公平、生态、全面均衡的和谐消费。

于是，和谐消费的提出意味着人类消费的一场革命，这场革命不仅表现在不断丰富消费对象、不断提高消费质量等方面，而且更多地表现为转变消费价值观、确立一种新的消费理念即和谐消费理念以及探索符合中国实际的消费模式。和谐消费理念的确立不是凭空而设的，我们必须有一个共同的准则，这个共同的准则就是和谐社会的本质特征，即指以人为主体的，人与经济、人与社会、人与自然之间关系的相互协调。因此，要彻底消除社会的种种不和谐的消费现象，需要我们从和谐社会构建的高度，以和谐的价值维度和意义标准去衡量、审视人们的消费活动。从消费动机、目的到消费的手段、方式以及消费的对象、内容都应该符合和谐的价值原则，符合人的自由本质的提升和和谐社会的幸福原则。

消费是人们在处理人与自然、社会及人自身的各种关系中谋求“人”的发展的一种方式，是人实现自我价值和生命意义的手段。人的全面发展和社会关系的和谐完善是和谐消费的主题。和谐是人类社会追求自身本质的最高理想，是人的世界、人的关系以及人的行为的高级准则，是人类发展与完善的价值标准。它通过对消费过程中人与人、人与自然、人与社会之间关系的评价，指导人们正确处理消费活动中的各种社会关系，确立正确的消费理念和消费方式，从而实现人的自由发展和社会全面进步。

特别是在现代消费社会中，消费对社会发展发挥着日益重要的作用，人们在消费领域结成的社会关系也越来越复杂多样。需要以和谐的价值视野对消费进行合法性、合理性和合目的性的理性审视和道德评价，把人的发展、社会经济的发展和生态的可持续发展作为消费行为的出发点和归宿，从而建立起以人为本的、公平的、生态平衡的、全面均衡的消费理念和消费方式，以牵引和约束人们的消费活动，达到人与自身、人与自然、人与经济社会、人与他人的和谐统一，实现人的全面自由发展和社会的和谐。

总之，正是以当代中国的社会现实为背景和出发点，作者拟定了这一论题，试图发掘有中国特色的新型消费——和谐消费的深刻意蕴，阐析经济、社会、人的发展及自然环境保护与消费的深层关系，援引马克思主义的相关思想资源及和谐社会的本质内涵，来探索和谐消费的理念构建及实现路径，使我国走上科学发展道路，最终实现社会主义和谐社会与人的全面自由发展。

（二）选题的意义

要建立新型的和谐消费，并使之转化为全民的消费实践，科学合理的理论指导必须走在前面。所以，研究和谐社会的新型消费理论是摆在我们面前的重要任务。构建中国特色的社会主义消费理论，既需要解读马克思的消费观的源意义，也需要通过大量的数据事实来分析中国消费现状；既需要研究消费如何成为控制人的手段，商品如何异化为奴役人的工具，也需要挖掘中国传统文化在今天的影响力；既需要在一种宏大的价值标准引导下，探索适合当代中国的消费模式和实现途径，更需要各界学者携手合作，共同建立社会主义和谐社会新型消费。在现阶段，虽然对消费理论有了许多研究，出了许多成果，但仍有许多不足之处，但仍有误区、盲点等待发掘，需要开展和谐消费的不断研究与创新。

通常人们对消费问题的研究更多的关注于如何促进经济发展，却忽视了关于为何发展这一价值论、目的论问题。而后者正是前者的理论前提。如果我们不能对“为什么发展”做出合理的回答，我们的经济发展就会因失去价值论基础而发生意义危机。正如美国学者威利斯·哈曼博士所说：当前“唯一最严重的危机主要是工业社会意义上的危机。我们在解决‘如何’一类的问题方面相当成功”，“但与此同时，我们却对‘为什么’这种具有价值含义的问题，越来越变得糊涂起来，越来越多的人意识到谁也

不明白什么是值得做的。我们的发展速度越来越快，但我们却迷失了方向。”❶

目前消费研究虽然取得了很大成果，但还存在一定的问题，主要是研究中人的缺失。大多数学者强调消费对经济的作用，而忽略了消费作为人的存在方式，本质上是要实现人的全面自由发展。正如英国著名经济学家马歇尔所说的：“经济学是一门研究财富的学问，同时也是一门研究人的学问。”❷ 马克思也认为，消费是人的“感性表现，就是说，是人的实现或人的现实”。❸

因此，除了要考察消费在经济活动中的地位和作用，更要考察消费在社会生活中的地位和作用，考察消费现象背后人的存在状态。因此，需要为现代消费社会寻求一种精神价值追求，从哲学的价值尺度去衡量和引导。消费的本质是人的自我价值和生命意义实现的过程和手段。和谐是人、人类社会存在方式的理想状态，其主题是人自身的全面发展与社会的协调美好。因此，作为经济活动重要环节的消费理应纳入人们和谐追求的视野，以和谐的价值理念对作为人的消费进行审视和评价。通过对和谐消费的内涵、本质属性、基本理念确立，初步建立和谐消费的理论体系和路径探索，为和谐消费问题的理论研究和实际操作提供一种新的视角和理论支持。

虽然已经有学者对和谐消费做出了可贵的探索，但是关于和谐消费与和谐社会关系的研究、和谐消费内涵的系统阐述，还有待进一步深入。本书将就这些问题进行探索性的研究。

另外，关于消费问题，学术界通常从经济学、社会学、文化学、伦理学、哲学等某一个侧面进行研究，从而缺少了整体性、系统性的高度，在实践中也缺少了目的性、方向性。而本书认为消费不仅仅是一个经济问

---

❶ [美] 威利斯·哈曼：《未来启示录》，上海译文出版社，1988：193.

❷ [英] 马歇尔：《经济学原理》（上册），商务印书馆，1981：23.

❸ 《马克思恩格斯选集》第2卷，人民出版社，1995：7.

题、一个社会问题或一个生态问题、一个文化问题，更本质的是关系到人和社会的全面发展问题。因此，需要从更宏观的角度、从多学科综合的角度全方位系统研究消费模式问题。本书将以马克思主义基本立场、观点和方法为指导，以中国特色社会主义理论为基础，把经济学、哲学、伦理学、社会学、文化学等多学科综合进行研究。

总之，在经济关系成为支配社会发展的重要力量、消费功能日渐凸显的时代，消费不和谐问题已经无法回避地严肃地摆在了我们面前，和谐消费成为构建社会主义和谐社会中日渐凸显的一个重大课题。现实迫切性和理论必要性使和谐消费的研究具有重大价值和意义。需要我们做出理论反思并给予科学解答，以促进经济发展、社会进步与人的全面自由发展。

二、国内外研究现状

国内外学者关于和谐消费的研究主要是从经济学的、社会学的、伦理学的、生态学的、文化学和哲学的等角度。其中国外研究主要从两方面展开，一是批判消费主义，二是消费伦理观。国内研究集中在三点，一是消费伦理思想史研究，二是消费伦理原则、规范研究，三是消费伦理构建模式和道德选择的研究。这些研究缺乏全面的归类推理以及未能从多学科角度系统论述，本书将对该问题进行系统的综合性研究。

（一）国外研究现状

二战以后，消费在国外特别是西方社会发展中的意义不断加强，理论研究也在不断深入。由于社会制度和经济文化背景不同，西方学者大部分都主张刺激消费，研究和推行消费主义文化。也有一部分学者极力主张适度消费，尤其在自然生态的价值和权利的维护方面有较深入的研究，国内理论界在这方面大量吸收了西方学者的研究成果。20 世纪 50 年代以来，西方理论界对消费问题的研究主要集中在消费文化和消费主义两方面，其中出现了西方马克思主义的消费批判主义和凯恩斯主义消费理论两股思潮。

西方马克思主义者关于消费的批判，着重对西方社会的消费异化现象进行了批判。针对西方消费社会越来越多的问题，他们结合异化理论，对资本主义从宏观上的批判转向微观上的批判。西方马克思主义者指出，在当代资本主义社会，消费发生了异化，消费不仅成为人们补偿自由的一种方式和逃避现实痛苦的避难所，而且成为资产阶级操纵和控制人们、实施社会控制的一种工具。同时，他们还指出消费异化压抑了人的个性，限制了人的发展；分析消费异化对社会经济和政治的影响，如腐蚀了工人阶级的灵魂，强化了工人阶级对资本主义制度的认同感和依赖。由此，他们提出未来社会主义革命不是发生在生产劳动领域，而是发生在消费领域。而生态危机将成为社会革命的导火线，社会主义革命将通过“期望破灭的辩证法”而实现。

西方马克思主义者在对当代资本主义社会深入研究的基础上，将它与政治统治研究相结合，对消费异化进行批判。这为我们研究我国的和谐消费问题提供了借鉴和参考。但西方马克思主义者过分夸大了消费异化在资本主义政治统治中的影响和其在社会主义革命中的作用。

此外，国外的消费异化研究更多的是将消费异化理论与具体的消费实践相联系进行分析。有的学者探讨了消费异化对消费伦理和人的发展的影响，分析了消费主义文化的危害，提出要适度合理消费。有的学者论述了劳动异化和消费异化的关系，指出“劳动异化造成了人们在文化、思想、政治、生活上的一体化，抹杀了人们的否定性思维，成为了只知认同、失去自由的单向度的人。而单向度性正表现在虚假需求以及消费的异化上”。❶

西方马克思主义者还从文化角度深入剖析了消费问题。其中，法兰克福学派的阿多诺、霍克海默等人对大众消费文化采取了一种否定的态度。

---

❶ 张爱丰．消费哲学引论［D］，北京：中共中央党校，2008．

他们认为，物质客体成了主宰，资本主义社会已经成了一个物化的世界，人类的健康快乐被界定为对商品的挥霍浪费。而英国学者却对大众消费文化给予了积极的评价。他们认为尽管消费者不能控制生产，但却能控制消费并使消费符合自身的利益，并认为身体为消费者提供了一个自由空间，身体的快感成了意识形态的对立物。法国学者波德里亚对消费社会理论进行了阐释。他认为商品的使用价值和交换价值被“符号价值”所代替，符号价值构成了消费的核心。他还进一步论述了消费异化的问题，阐述了消费如何成为一种具体的斗争的手段。这为我们研究我国社会主义和谐消费文化以及和谐消费与上层建筑的关系提供了借鉴。

西方理论界在这些方面的研究取得了丰硕的研究成果，较有代表性的是：

（1）波德里亚在《消费社会》一书中提出对消费社会采取颠覆性变革的要求，以另一种符号体系代替现有的符号体系。

（2）法兰克福学派的马尔库塞在《单向度的人——发达工业社会意识形态研究》一书中，他认为，资本主义社会的人们变成了只知道追求物质商品享受的“单向度的人”，他们普遍丧失了内心的真实需求以及否定、批判的能力。

（3）艾伦·杜宁在《多少算够：消费社会与地球的未来》一书中，对消费主义进行了系统的研究，他认为要突破消费社会的“樊篱”，首先必须打破“不消费就衰退的神话”。

（4）法兰克福学派的哲学家弗洛姆在《健全的社会》等书中提出了异化消费思想。他认为异化消费是20世纪西方资本主义社会的典型病症。

（5）丹尼尔·贝尔在《资本主义的文化矛盾》一书中从文化的角度对消费主义进行了批判。

（6）堤清二在《消费社会批判》一书中认为消费社会的出路在于消除大众传媒的国际性控制和网络媒体的一国主导。

（7）以莱易斯、高兹为代表的“生态学马克思主义者”，认为消费主义是资产阶级的一种意识形态，生态环境问题的根源在于意识形态。

（8）见田宗介在《现代社会理论：信息化、消费化社会的现在与未来》一书中认为：“信息化”和“消费化”是现代资本主义体系和消费社会的主要特征；“信息化、消费化社会”能克服资本主义需求的有限性与供给的相对过剩之间的矛盾。❶

（二）国内研究现状

在国内，对于和谐消费方面的研究，大多是从经济学、伦理学、文化学的角度来探讨的，比较有代表性的有：

1. 从消费经济学的研究范畴着手，着重从宏观经济学的角度，研究消费反映的社会经济关系，比如关于消费与经济制度、收入水平、社会环境、消费水平、消费结构等的关系。主要代表人物有我国消费经济理论创始人的尹世杰教授，还有杨圣明、于光远、刘方棫等运用马克思主义政治经济学原理，各自提出了对消费内涵的不同理解。其中尹世杰教授所著的《中国消费模式研究》是我国国内消费研究领域的优秀之作。此外，许多经济学研究的后来者着重从微观经济学的角度，研究构建和谐消费的数据模型，张平、文启湘在《论和谐消费函数的构建》一文中，以“宏观消费函数”为基础，构建了和谐消费函数模型。张俊的《浅论和谐消费环境评价指标体系的构建》，提出评估消费环境是否和谐，需要我们建立一个评估体系来衡量，并初步得出一个理论评估体系。

2. 我国对消费伦理的研究起步较晚，还没有建立比较完善的消费伦理体系。由于之前我国长期忽视消费伦理问题的研究，直到 20 世纪 90 年代才有较系统的论述，但相关的著作比较多，尤其在应用伦理学领域形成了专门的消费伦理学，很多专家、学者都做出了卓有成效的研究。其中周中之教授写了我国消费伦理的第一部专著《经济伦理新探索——消费伦理》。该书界定了消费伦理的概念，提出了消费道德规范，对比研究了中西消费

---

❶ 徐铁光. 论和谐消费［D］，湘潭：湘潭大学，2008.

伦理的差异，揭示了消费伦理与当代中国社会发展的关系。另外，周中之教授还提出了许多富有启发性的观点，如消费的自由与消费的社会责任是辩证统一的。

关于消费伦理，目前国内研究主要涉及：①我国消费领域中存在的各种伦理问题，如以消费主义为代表的异化消费。②批判消费主义，提倡消费的自我实现目的。③提出了科学、合理消费的道德评价标准。④对消费的评价坚持伦理评价与经济评价的矛盾统一。⑤认为应该提倡如下消费伦理观：科学的消费文化、自主性消费、和谐消费、消费正义、合理消费、适度消费、可持续消费、绿色消费、理性消费、均衡消费、公平消费等。

概括来说，国内对消费伦理的研究主要集中在三点：第一，关于中外消费伦理思想史的研究。第二，对消费道德原则和伦理规范的研究。第三，对构建消费伦理的模式和途径的研究。

3. 从消费文化学的研究范畴着手，将消费作为消费文化的一个重要内容来研究，注重研究消费的文化意义、消费文化构建过程、消费的符号化趋势、消费主义文化等。国内对消费文化的研究还处于刚刚起步的阶段，较有代表性的是：①尹世杰的《消费文化学》对消费文化进行了比较系统的研究。②王宁在《消费社会学》一书中，从社会学的角度对消费文化进行了研究。③赵吉林在《中国消费文化变迁研究》一书中，勾勒了我国消费文化从传统走向现代的基本历程。④杨魁、董雅丽在《消费文化——从现代到后现代》一书中，从历史发展的角度对西方消费文化及中国消费文化的发展历程进行了考察。

此外，学者们对消费主义文化对中国的侵入进行了理论或实证分析。比如，俞海山在《论消费主义的危害与对策》中论述了消费主义既对自然、社会、人的危害，消除消费主义需要政府、媒体和消费者的共同努力。郑艳的《建设性后现代主义视阈下的和谐消费文化构建》一文批判性地反思了当前的符号消费文化，阐述了建设性后现代主义视阈下和谐消费文化构建的基本内容。

消费的诸多现实问题不仅仅源于单一的经济因素、社会因素、文化因素，更是诸多因素复合作用的结果。因此，构建社会主义和谐消费需要从更为广泛的经济、社会、文化领域进行系统的理论思考和现实反思。

但是目前从多学科、多角度的综合研究不多，专门研究和谐消费的学位论文较少。其中比较有代表性的有：孟秋菊的《消费和谐论》一书主要从经济学和社会学相统一的角度，分析消费和谐与消费失谐问题。刘敏在《中国当代居民和谐消费方式研究》一文中，从经济社会学和消费文化学的角度，深入探讨影响中国居民和谐消费方式的经济因素、社会因素以及文化因素，并从经济领域、社会领域和文化领域提出构建中国居民和谐消费方式的思路和对策。徐铁光在《论和谐消费》一文中，从经济伦理的角度对和谐消费进行了探讨，主要论证了三个问题：和谐消费何以必要、何以可能、何以实现。以上成果都有各自的可贵之处，但关于和谐消费的理论依据和现实基础，实现和谐消费的具体措施等问题还需要做进一步的深入研究。

可见，消费是目前理论界的一个研究热点，也取得了很大成果。但还存在一定的问题：大多强调消费对经济的作用，研究中忽略了消费作为人的存在方式，本质上是要实现人的全面自由发展。因此，除了要考察消费在经济活动中的地位和作用，更要考察消费在社会生活中的地位和作用，考察消费现象背后人的存在状态。社会主义和谐社会以人的全面发展为价值目标，其真正主题是人自身的发展与人性的完善。因此，本书在构建和谐社会的视野中对消费进行价值审视和意义追问，旨在对和谐社会的追求和实践中实现和谐消费、实现人的全面自由发展和社会的和谐。

综上所述，一方面虽然国内学者对和谐消费有了研究，但是缺乏从价值体系去衡量和引导，从而缺少了整体性、系统性的高度，在实践中也缺少了目的性、方向性。另一方面，虽然已经有学者对和谐消费做出了可贵的探索，但是关于和谐消费对于构建和谐社会的支撑论证，还有待进一步深入。本书将就和谐消费与和谐社会如何实现良性互动、如何以和谐社会的内容实质去规范消费、促进和谐消费、实现社会和谐和人的全面自由发展等问题进行探索性的研究。

因此，本书以和谐社会的价值视野对人的消费行为进行合法性、合理性和合目的性的审视和道德评价，建立合乎人性的消费理念和消费方式，以牵引和约束人们的消费活动，使之趋于和谐。即把人的发展、社会经济发展和生态可持续发展作为消费行为的出发点和归宿，通过人本消费、公平消费、生态消费和全面均衡消费，达到人与自身、人与他人、人与自然、人与经济社会的和谐统一，最终实现人的全面自由发展。

三、研究思路与方法

（一）研究思路

1. 研究思路：21世纪对于中国来说，是一个机遇与挑战并存的时代，也是经济发展的又一个关键时期。然而由于经济体制的漏洞，传统文化意识的影响和全球化浪潮下消费主义文化的渗透，加上现代传媒的推波助澜，在消费领域出现了许多不和谐现象，消费悬殊问题、生态环境继续恶化与消费增长的矛盾、西方消费主义的文化霸权、中国新兴阶层的奢侈消费风气等等。

消费领域存在的这些问题严重地影响了人们的生活，影响着社会风气，造成了巨大的环境压力，制约着人的全面发展和和谐社会的实现。严峻的现实不得不引发我们思考：消费对于经济发展、社会和谐究竟有着怎样的作用？什么是和谐消费？和谐消费的具体内容是什么？和谐消费有什么意义？现实的消费失谐表现在哪些方面？失谐的原因是什么？怎样实现和谐？这些问题都是本书要尽量解释和深入论述的内容。因此，从实践意义上说，本文的研究目的就在此，即通过对我国当前消费生活中存在的突出问题进行深刻剖析，在综合的理论思考基础上，在社会主义和谐社会思想的指导下，提出构建社会主义和谐消费的基本理念和路径探索。

在学术界，对消费的研究各有不同，不同学科领域的学者运用本学科的研究方法对消费做出不同的理解，消费的理论研究内容也十分丰富。但不论哪一个学科都只是从消费的某一个侧面作分析，而从经济、社会、自然、文化等领域，进行全方位地多学科系统而深入地理论研究仍需加强。

以当代中国构建社会主义和谐社会以及转变经济发展模式的迫切现实为背景和出发点，作者拟定了这一论题，试图通过发掘和谐消费的伦理意蕴，阐析经济、社会、及自然环境保护与消费的深层关系；在描述种种不和谐消费现实及其严重后果的基础上，援引马克思主义的相关思想渊源及社会主义和谐社会的内容实质来探索和谐消费的理念构建及实现路径，使我国的消费研究走上科学发展道路，达到人与自身、人与他人、人与自然、人与经济社会的和谐统一，最终实现社会主义和谐社会。

对此本书提出的基本思想是：要实现构建和谐社会的目标，实现人的全面自由的发展目标，就要构建崭新的社会主义消费，即构建与社会主义和谐社会的内涵相承接，以实现人与自身、人与社会、人与自然和谐发展为目标的人本、公平、生态、全面均衡的和谐消费。

和谐消费是与经济健康发展、社会全面进步、自然生态平衡相适应的理想的消费状态。只有在现实中理顺了消费与经济、消费与社会、消费与自然等多方面关系，才能实现和谐消费，才能达到人与自身、人与他人、人与经济社会、人与自然的和谐统一，最终实现人和社会的全面自由发展。具体来说：第一章，马克思主义是构建社会主义和谐社会的理论指导和行为准则，马克思主义消费理论也是社会主义消费研究和实践的理论渊源，所以文章开篇归纳阐述了从马克思主义创始人到前苏联列宁、斯大林再到毛泽东、邓小平、江泽民、胡锦涛等中央领导集体的中国化的马克思主义消费理论与和谐消费思想。

第二章，和谐消费的实现是有一定的价值标准的。和谐社会是人类孜孜以求的美好理想，人的全面自由发展是人类社会的价值目标。以和谐社会的视野对消费进行合法性、合理性及合目的性的理性审视和价值牵引，从而建立起人本消费、公平消费、生态消费、全面均衡消费理念，以牵引和约束人们的消费活动，使之趋于和谐。社会主义和谐社会的内容实质与现实构建是和谐消费的重要基础与现实意义，首先从和谐社会的本质内容出发，阐析了和谐消费的内涵、属性、层次等；再从对人、经济、自然环境等角度论证了和谐消费对和谐社会构建的重大意义；最后论述和谐消费包含的具体理念，人本消费、公平消费、生态消费、全面均衡消费理念的内涵与特征。

第三章，分别陈述各种消费失谐在社会领域、经济领域、自然领域、文化领域中的具体表现，反映构建和谐消费的现实紧迫性和必要性。

第四章，在消费涉及的所有领域与关系中，人是最核心的主体，一切皆因人而起。首先分析不和谐消费的两大主体——生产者、政府的行为和动机，以追究主体责任；然后，结合制度转型、体制改革以及现代传媒导向的社会背景，探寻消费不和谐的现实原因，为下一步寻求解决措施做准备。

第五章，以和谐社会的内容实质与和谐消费基本理念引领和谐消费，其生命在于实践。而推行和谐消费的实践是项系统工程需要全社会的共同努力才能付诸实现。本部分从消费主体实践的角度，对实现和谐消费的路径展开探索。具体来说，就是企业、消费者、政府三个消费主体的立体结合，在企业生产消费、政府职能消费及消费者生活消费这三个消费层面同时展开观念、制度、方法等途径的实践探索，在现代传媒的正确导向下，在全社会最终形成和谐消费的局面。总之，在消费活动中协调人、社会经济与生态环境之间的关系，通过人本消费、公平消费、生态消费、全面均衡消费，达到人与自身、人与他人、人与自然、人与经济社会的和谐统一，实现人的全面自由发展、社会的全面和谐。

（二）研究方法

1. 规范研究与实证研究相结合，以理论分析为主。本书在对消费问题的规范研究中，如对和谐消费的内涵释义、理念构建以及和谐消费的实践探索，主要是进行理论分析。而在对不和谐消费的实证分析中，则重视对现实的反思，并辅之以相关的数据实例说明。如对当前我国消费失谐的现状及根源反思。

2. 综合运用多学科的研究范畴和研究方法，系统地分析理论与现实问题。本书立足于马克思主义的消费理论基础和科学社会主义的专业研究视角，从消费经济学、经济社会学、消费哲学、消费社会学、消费文化学等角度，对我国消费问题做出理论上的系统论述。如对消费悬殊、消费主义等现实问题的剖析，就运用了消费文化学、消费伦理学、社会心理学的研究方法。

3. 运用纵向比较和横向比较相结合的研究方法，全方位地透视我国消费的现实。构建社会主义和谐消费，树立和谐消费观念有着其历史发展和现实要求的客观必然性。基于此，本书阐述了中国传统消费方式与西方国家消费方式各自的内涵与特质，进行了古、今与中、外的纵、横向比较，并从中得出结论。

四、可能创新与不足

（一）可能的创新点

1. 研究内容的创新。第一，本书是在消费问题研究中，提出用和谐社会的本质内容来指导和谐消费的理念构建及路径实现的观点。传统的消费研究致力于经济社会的发展，而忽略了消费作为人的存在方式，本质上是要实现人的全面自由发展。和谐消费研究不但关注消费对经济社会的地位和作用，而且关注现代社会发展的制约因素——日益严重的生态危机问题的解决，更加关注现代社会物质丰裕中的精神匮乏问题——人的意义危机问题的解决，即要实现人的发展、生态可持续发展和经济社会发展的和谐统一。这是一种科学、全面的发展理念。

本书试图把消费问题纳入人们追求和谐社会的视域，以和谐社会的价值理念对作为人之重要存在方式的消费进行评价和引导。通过对和谐消费的内涵、属性、层次的界定，和谐消费理念的确立以及和谐消费的实践探索，初步建立社会主义和谐消费的理论体系，为和谐消费问题的理论研究和实际操作提供一种新的视角和理论支持。

第二，目前，学术界对政府消费的研究比较少，本书不仅论述了政府自身消费即行政管理职能消费的不和谐及改革措施，还从政府社会管理职能的角度，分析了其职能不到位导致的消费失谐现象，以及政府如何优化消费环境，促进全社会的消费和谐。

2. 核心概念的创新。第一，本文对“和谐消费”这一核心概念进行系统的理论分析，以及从和谐社会构建的角度提出了其基本理念和具体对策等，构建了社会主义和谐消费的系统理论。

第二，发展了可持续消费的概念，提出生态消费理念。消费的生态理念是消费的可持续性和发展性的统一，生态消费不仅可以实现人、自然、社会的可持续存在，也可以实现持续发展。以及提出“可持续性”和“发展性”在发达国家和发展中国家的侧重点要有差别的观点。

第三，概括归纳了全面均衡理念。在提出以人本消费促进人与自身的和谐，以公平消费促进人与人、人与社会的和谐，以生态消费促进人与自然的和谐的基础上，本书认为真正的和谐消费是消费与经济、社会、自然之间的整体协调。于是本书从质、量两个方面，个人、社会两个层面，提出通过全面均衡消费理念，实现人与自身、人与人、人与自然、人与社会之间的全面均衡发展、和谐共处。

3. 研究视角、方法的创新。关于消费问题，学术界通常从经济学、社会学、文化学、伦理学、哲学等某一个侧面进行研究，而本书认为消费不仅仅是一个经济问题、一个社会问题或一个生态问题、一个文化问题，更本质的是关系到人和社会的全面发展问题，所以需要从更宏观的角度、从多学科综合的角度，全方位系统研究消费问题。

本书注重以马克思主义基本立场、观点和方法为指导，以中国特色社会主义理论为基础，与经济学、哲学、伦理学、社会学、文化学等多学科交叉研究，在不和谐消费的现实表现和根源探究以及和谐消费的路径探索上体现了这一点。

（二）进一步研究的方向

在博大精深的学术研究海洋里，作者由于有限的分析能力和肤浅的理论水平，还远远不足以自由地扬帆翱游其中。本书还有许多有待进一步修正和补充的缺陷与不足，也是作者今后进一步努力的方向。关于消费的研究涉及到经济、社会、文化的各个领域，这需要在此后的研究中继续深入把握多学科理论的思想精髓，使和谐消费的理论研究更加深入更加系统。多学科综合的角度使论题涉及面宽广和庞杂，有待深入研究的主要问题有：

1. 在内容、观点方面，还需要加强以下研究：

第一，需要进一步明确和谐消费与和谐政治、和谐经济与和谐文化等的关系问题，以及进行深入消费的诸要素在和谐系统的整体模型研究。

第二，关于消费失谐对中国特色社会主义和谐社会建设的影响分析需要进一步探讨；关于消费失谐对经济、社会、文化等领域产生的重要影响，本文只是在阐述消费失谐的各种现实表现中稍微涉及，没有展开更深入地论述。

第三，虽然建设性地提出用和谐社会的内容实质做指导，来界定和谐消费的概念，构建和谐消费的具体理念和探索具体路径，但对这个问题的研究深度也不够。如关于和谐指标体系、和谐消费模式的科学构建等等，这些是作者在后续研究中需要进一步努力的方向。并且以此为起点，站在更宏观的视角，去探索如何促进整个社会实现和谐。

2. 在研究方法方面，虽然引用大量数据、例举了大量事实，具有较强的实证性，但案例分析以及定量分析还需加强，比如可以选择一个地区进行实地调研，并进行一定的理论运用，真正实现科研来自于实践又指导实践的学术宗旨。

第一章　理论基础：马克思主义的消费理论

第一节　马克思主义创始人的消费思想

马克思、恩格斯没有专著系统论述消费问题，但关于消费的思想内容在其著作之中，特别是在《资本论》、《〈政治经济学批判〉导言》和《德意志意识形态》中。马克思、恩格斯的消费理论尽管产生于19世纪，但对于当前我国社会主义和谐社会建设、社会主义和谐消费的构建，仍然有着重要的指导意义。如关于生产与消费的相互作用的阐述，对于目前如何扩大消费需求，促进生产与消费的良性发展有着现实意义。关于人的全面自由发展以及重视精神消费的阐述，告诉我们和谐社会发展的最终目标就是实现人的全面而自由的发展，当前构建和谐社会，促进和谐消费，也应该重视人们物质消费和精神消费的协调。总之，马克思、恩格斯的消费理论是构建社会主义和谐消费的重要理论基础。

一、消费与人的辩证关系

马克思指出，“生产与消费是人的感性表现，就是说，是人的实现或人的现实”；❶“在生产中人客体化，在消费中物主体化。”❷

---

❶ 马克思：1848年经济学哲学手稿，北京：人民出版社，2000：82.

❷ 马克思、恩格斯：马克思恩格斯选集（第2卷），北京：人民出版社，1995：7.

就是说，在消费活动中，客体的物转化为主体的人的物质力量和精神养分，使人的体力和脑力的消耗得到补充和恢复，人的生存、享受和发展的需要在其中得到满足。在马克思主义人学的视野中，合理的消费是社会文明的重要标志，是人的本质的一部分，是人走向自由境界的物质保障，是实现人的全面而自由发展的根本途径。

消费在满足人的需要的过程中体现人的本质。人既是能动的自然存在物，同时又是被动的、受制约的存在物，他的欲望与需要的对象不依赖于他而存在于他之外。“但这些对象是他需要的对象，是表现和确证他的本质力量所不可缺少的、重要的对象。”[1] 这就是说，人的本质力量就是强烈追求自己需要对象的力量，人的本质与人的需要是内在统一的。因而人在消费产品满足自己需要的过程中，同时表现了人的本质——人的社会属性。在此意义上，消费也是人的本质的组成部分，是实现人全面而自由发展的根本途径。

（一）马克思、恩格斯关于人的全面发展理论

其基本内涵主要包括以下几个方面：

第一，人的物质、文化、生态需要的满足。马克思说：“当人们还不能使自己的吃喝住穿在质和量方面得到充分供应的时候，人们就根本不能解放。”[2] 物质资料的消费是人的全面发展的前提与基础。而文化、生态的需要是人的发展需要，马克思称之为“高级的享受”和“高级活动”。物质、文化、生态三方面需要的满足，就是全面满足了人生存、享受和发展的需要。这就使“人以一种全面的方式”，“作为一个完整的人”，“占有自己全面的本质”。

第二，人的素质的全面提高。人要满足生存、享受和发展方面的需

---

[1] 马克思、恩格斯：马克思恩格斯全集（第42卷）［M］，北京：人民出版社，1979：167～168、123.

[2] 马克思、恩格斯：马克思恩格斯全集（第42卷）［M］. 北京：人民出版社，1979：368.

要，就必须要全面提高人的素质。人的素质的发展是进一步取得成就的基础，是“人的本质力量的公开的展示。”❶ 所以，充分发挥人在各方面的素质，形成全面的素质体系，是人的全面发展的重要内容。人的素质可分自然素质和社会素质。人只有消费一定的物质生活资料和医疗服务才能有生命的存在，才有人的自然素质的提高。然而更重要的在于人是具有一定的文化素质、文化人格和文化追求的社会人。人的社会素质包括人的价值观、道德品质、思想情操、科学文化水平、艺术修养、审美情趣等。人的素质的提高是人的全面发展的核心和灵魂。人要想得到全面发展，提高自身的素质十分重要。

第三，人的个性的完美发展。个性是指每个人的特殊属性，反映每个人的独特素质、兴趣、爱好、能力等。正如马克思所说，在一定的社会关系里，即使每个人都能成为出色的画家，这也决不排斥每一个人都成为“独创画家”的可能性。发展人的个性符合人自身的发展规律，只有人的个性得到充分地自由发展，才能实现人的全面发展。但要注意的是：“个性”不是个人主义，发展“个性”不能忘记人的“共性”即社会性、集体性。因为“只有在集体中，个人才能获得全面发展其才能的手段”，“才可能有个人自由”。❷

“人的全面发展是当代社会发展提出的重大课题……个人全面发展是人的全面发展的前提，个人解放是人类解放的条件，日常生活的革命是社会历史性革命的基础。日常生活世界是人的全面发展的现实平台。”❸ 只有实现了人的全面发展，人类才能完美地处理好人与自然之间的矛盾、人与人之间的矛盾，最终达到理想的“幸福状态”。

---

❶ 马克思、恩格斯：马克思恩格斯全集（第42卷）［M］．北京：人民出版社，1979：128.
❷ 马克思、恩格斯：马克思恩格斯全集（第42卷）［M］．北京：人民出版社，1979：24.
❸ 谭培文．马克思主义文本与现实的对话［M］．兰州：甘肃人民出版社，2008：222.

（二）马克思、恩格斯关于消费与人的全面发展的辩证关系的论述

消费是人们生存和发展的最基本、最重要的条件。按照马克思关于人的全面发展的观点，人应该既会创造，又会享受；既会生产，又会消费，即人是能自由、合理、科学地支配财富的全面的完整的人。科学合理的消费能促进人的全面发展，而愚昧非理性的消费则会阻碍人的全面发展，甚至给人类的生存和发展带来危机。马克思主义的消费观是科学的消费观，提倡的是科学的、合理的消费，对于促进人的自由全面发展具有积极的推动作用。

第一，满足基本需要的消费，是人类存在和发展的前提条件，是社会文明和进步的基本保证。人类的消费首先要满足自己的生存需要，在此基础上再升级到其他需要的满足，最终实现人的全面发展。马克思认为，“人们为了能够‘创造历史’，必须能够生活。但是为了生活，首先需要衣、食、住以及其他东西。因此第一个历史活动就是生产满足这些需要的资料，即生产物质生活本身。同时这也是人们仅仅为了能够历史活动的基本条件。”❶

正是在物质生活资料的生产活动基础上，才有了满足社会交往和精神需要的社会活动和精神文化活动。恩格斯把消费资料分为生存资料、享受资料、发展资料，指出消费资料中的发展资料最有利于发展“消费的能力”，最有利于“个人才能的发展”。人的需要的不断满足和需要层次的不断提高，推动着人类社会物质文明、精神文明和生态文明的不断发展与进步，人类也不断地向全面自由发展的目标迈进。

第二，消费从根本上提高人的素质。人的全面发展包括人的素质的全面提高。消费有利于提高消费质量，从而有利于提高人的素质。人的需要

---

❶ 马克思、恩格斯：马克思恩格斯全集（第3卷）［M］．北京：人民出版社，1965：31～32.

具有多层次，人们不仅要满足生存需要、享受需要，还越来越注重发展需要的满足。随着科学技术和生产力的发展，消费领域随之不断地扩大，消费内容也日益丰富。消费中的科技和文化含量的提高，有助于提高消费质量，提高“人的享受的感觉，实践感觉（意志、爱等等）……创造同人的本质和自然界的本质的全部丰富性相适应的人的感觉”，❶ 在高层次高品质的消费中，人的思想政治素质和科学文化素质得到逐步提高。而人的素质特别是综合素质的提高，将促使每个人的力量和才能得以充分发挥，从而自由自在地生产、生活、创造…… 从必然王国迈向真正的自由王国。由此可见，消费是促进人的全面发展，进入人类理想王国的基本条件。

第三，精神消费有助于发展人的个性。人们消费的最高目的是实现人的全面而自由的发展。精神文化是人类文化的本质和核心，因而精神消费是消费的最高层次。黑格尔在《精神现象学》中也指出，只有通过教育，才能促进人类的完善和充分发展，实现人的自由本质。所以，要促进人的全面发展，必须通过高层次的精神消费来实现。高尚的精神消费可以塑造人的优良的思想道德品质、树立人的正确的价值观、提高人的科学文化水平、培育人的高尚的艺术修养。因此它有利于防止人性异化，全面提高人的素质，使人的个性得到完美发展。许多人虽然享用、消费着优越的物质条件，却感到生活空虚，没有真正的自由和幸福感，就是缺乏精神消费。只有实现物质文明与精神文明的高度统一，人才能成为占有自己全面本质的完整的人，才能实现人的全面发展。现代科技对人才提出了更新、更高的要求，因此，人们必须不断地提高科学文化素质和技术、技能。而高尚的精神消费，特别是教育和培训等高层次的精神文化消费能使人们成为能力全面的人。因此，人们必须加强高层次的精神消费。正如斯大林所提出的，“必须把社会的文化发展到足以保证一切社会成员全面发展他们的体力和智力，使社会成员都能获得足以成为社会发展中的积极分子的教育，

---

❶ 马克思、恩格斯：马克思恩格斯全集（第42卷）［M］. 北京：人民出版社，1979：126.

都能自由地选择职业，不致由于现存的分工而终身束缚于某一种职业。”❶

第四，休闲消费有助于人的全面发展。马克思的休闲思想也就是他的自由时间理论。马克思从人的生产活动的角度出发，把时间划分为劳动时间和非劳动时间。劳动时间即劳动的持续时间，是人们为了自身生存需要而进行物质生产的时间；非劳动时间即可以自由支配的时间，是人们从事休息、娱乐、享受等自我发展的时间。马克思认为，只有在自由时间里，人们才能身心愉悦地发挥自己的积极性、主动性和创造性，每个人才能充分享受人类的文明成果，生活才更有意义，人才能得到全面发展。马克思说：“一个人如果没有一分钟自由时间，他的一生如果除睡眠、饮食等纯生理上的需要而引起的间断以外，都是替资本家服务，那么他就连一个载重的牲口还不如。他身体疲惫，精神麻木，不过是为别人生产财富的机器。”❷ 自由时间是整个社会全面自由发展的必要条件。只有每个人都有自由时间发展自己，整个社会才能向自由王国迈进。马克思认识到，整个人类的发展必须以自由时间的运用作为必要的前提条件。

（三）马克思、恩格斯反对异化消费，提倡适度消费，来促进人的全面发展

马克思在批判资本主义私有制条件下的异化消费时指出，在私有制范围内，“每个人都千方百计在别人身上唤起某种新的需要，以便迫使他们做出新的牺牲，使他处于一种新的依赖地位，诱使他追求新的享受方式，从而陷入经济上的破产。每个人都试图创造出一种支配他人的、异己的本质力量，以便从这里面找到他自己的利己需要的满足。因此，随着对象的数量的增长，压制人的异己本质的王国也在扩展，而每一个新产品都是产生相互欺骗和相互掠夺的新的潜在力量。”❸在《1844 年经济学哲学手稿》

---

❶ 斯大林：斯大林文选［M］. 北京：人民出版社，1962：625～626.

❷ 马克思、恩格斯：马克思恩格斯全集（第 16 卷）［M］. 北京：人民出版社，1980：225～226.

❸ 马克思、恩格斯：马克思恩格斯全集（第 42 卷）［M］. 北京：人民出版社，1979：132.

中，马克思对资本主义的异化劳动进行了批判，他认为，劳动的异化或异化劳动是人的劳动产品和人的社会关系等一切现象发生异化的根源。

（四）马克思的消费公平观

马克思十分关注消费的公平性。他指出，在资本主义社会，消费存在严重的不公平，一方面资本家残酷压榨、剥削无产阶级，过着穷奢纵欲的生活，另一方面无产阶级日益地贫困和潦倒。资本主义生产的无限扩大和无产阶级消费能力不断下降的矛盾，导致了相对过剩的经济危机。在《哥达纲领批判》中，马克思评论“劳动所得应当不折不扣和按照平等的权利属于社会全体成员”这一观点的时候，阐述了两个重要思想：一是劳动产品的分配属于劳动的社会成员而不是社会全体成员；二是社会必须为社会全体成员包括丧失劳动能力的人提供社会公共产品、社会保险、社会福利和社会救济。这对我们今天仍有着十分重要的启迪意义！[1]

马克思对资本主义社会消费不足进行了批判，阐明了自己的适度消费观。他认为：真正的经济“决不是禁欲，而是发展生产力，发展生产的能力”。[2] 在论及相对剩余价值时，他认为：“要求生产出新的消费，……第一、要求扩大现有的消费量；第二，要求把现有的消费量推广到更大的范围，以便造成新的需要；第三，要求生产出新的需要，发现和创造出新的使用价值。”[3]

马克思通过对经济周期不同阶段中人们的收入、消费结构和生产发展之间的关系进行分析，既明确提出反对禁欲的观点，同时也反对不符合生产力发展水平的奢侈浪费，从而表明了他的适度消费观。人们的收入和消费结构是随着生产的发展而变化的。马克思把第Ⅱ部类即消费品

---

[1] 陈都：马克思主义消费观研究［D］．南宁：广西师范大学，2009：14.

[2] 马克思、恩格斯：马克思恩格斯全集（第46卷）（下）［M］．北京：人民出版社，1980：225.

[3] 马克思、恩格斯：马克思恩格斯全集（第46卷）（上）［M］．北京：人民出版社，1995：391.

部类分为必要的生活资料（Ⅱa）和奢侈消费资料（Ⅱb）两个副类，并指出这种划分对生产结构具有决定性影响。马克思分析：每次在经济危机时期，人们都会暂时减少奢侈品的消费，但是在繁荣时期，人们就会增加必要生活资料的消费，连工人阶级也暂时参加他们通常买不起的各种奢侈品的消费。

马克思、恩格斯的消费观与人的全面发展观告诉我们：人的发展一方面是物质消费水平的提高，但更重要的是在物质消费的基础上精神消费的完善和精神境界的提高。只有在不断提高物质生活水平的基础上，不断满足人们的精神文化需求，培养科学的世界观、人生观和价值观，使人具有丰富的精神文化追求和良好的思想道德品质，建立和谐的人际关系，人才能成为自由全面发展的人。

二、消费与生产、分配、交换的辩证关系

马克思在《政治经济学批判》中，把资本主义社会的再生产过程分为生产、交换、分配和消费四个环节。“生产是起点，消费是终点，分配和交换为中间环节。”马克思不是就消费研究消费，而是把消费放在由生产、分配、交换、消费的相互作用构成的更大的经济体系中加以研究，从而揭示消费的重要地位和作用，消费是社会再生产总过程中的一个重要环节，消费与生产、分配、交换的对立统一关系即生产决定分配、交换和消费，而分配、交换、消费反作用于生产。

（一）消费与生产的辩证关系

马克思认为生产与消费之间实际上存在着直接同一的关系。“消费不仅是使产品成为产品的最后行为，而且也是使生产者成为生产者的最后行为”。由于生产本身必须在一定的物质材料的耗费和人的体力与精神力的耗费的基础上才能进行，所以，“生产行为本身就它的一切要素来说也是消费行为”。消费也是生产，因为它补充人的体力和智力，直接生产劳动

力。“吃喝是消费的形式之一，人吃喝就是生产自己的身体，这是明显的事。而对以这种或那种形式从某一方面来生产人的其他任何消费形式也都可以这样说”。具体来说，二者的关系表现在以下两个方面。

1. 生产决定着消费。马克思认为，生产是消费的基础，没有生产，就没有消费。生产“生产出消费的对象、消费的方式和消费的动力”❶ 而不是相反。具体表现为：①生产为消费创造对象，从而决定消费水平；②生产决定消费方式和结构；③生产通过产品在消费者身上引起新的消费需要。“用刀叉吃熟肉来解除的饥饿不同于用手、指甲和牙齿啃生肉来解除的饥饿。因此，不仅消费的对象，而且消费的方式，……都是生产所生产的。”❷ 不同的生产方式为人们提供的消费方式必然不同，有什么样的生产才会有什么样的消费。

2. 消费反作用于生产。消费是生产的最终目的，它对生产起着导向作用，创造出生产的动力。“没有消费，也就没有生产，因为如果没有消费，生产就没有目的”。“消费在观念上提出生产的对象，作为内心的意象、作为需要、作为动力和目的。”❸ 这种反作用具体表现为：第一，“消费创造出新的生产的需要，因而创造出生产的观念上的内在动机，后者是生产的前提”。人们日益增长的消费需求对生产不断提出更高的要求，生产者因此不断进行技术革新，新工艺、新技术得以不断发明，产品种类得以不断丰富，从而生产得到不断发展与进步。第二，产品必须在消费中或者经过消费后才能成为真正的产品；第三，消费是劳动力再生产的一个条件，所以它本身就是生产活动的一个内在要素。

总之，没有消费就没有生产。这也是马克思强调“消费生产着生产”、“消费的需要决定着生产”的内在原因。正因为如此，我国政府拟定了以拉动消费来促进社会生产力更好更快地发展的基本思路。因为消费对生产

---

❶ 马克思、恩格斯：马克思恩格斯选集（第 2 卷），北京：人民出版社，1995：10.

❷ 马克思、恩格斯：马克思恩格斯选集（第 2 卷），北京：人民出版社，1995：10.

❸ 马克思、恩格斯：马克思恩格斯选集（第 2 卷），北京：人民出版社，1995：9.

有巨大的反作用，消费的进步在客观上必然会促进经济的增长与社会的进步。

（二）消费与分配的辩证关系

对于二者的关系，马克思认为，消费总是在一定社会分配关系的基础之上的消费；而消费作为分配的最终实现，也反作用于分配。

分配包括生产资料的分配和消费品的分配，但主要指产品的分配，它是社会再生产过程中的重要环节。产品必须通过分配和交换才能最终进人消费环节，因此，分配是联结生产和消费的中介。生产决定消费，但它需要经过中间环节，分配和交换对消费起作用；同样的道理，消费也需要通过分配和交换反作用于生产。“分配并不仅仅是生产和交换的消极的产物；它反过来又同样地影响生产和交换”。[1]

分配决定人们获得消费品的份额，因而穿插于生产和消费之间。马克思曾在《哥达纲领批判》中阐述了社会主义及共产主义社会中个人消费品的分配原则及其对个人消费的影响。提出消费品是社会总产品的一部分，是对社会总产品做了必要的扣除后的剩余部分。而生产的性质和方式决定消费品的分配。例如，资本主义的生产方式和性质与社会主义、共产主义的不同，资本主义的产品分配是剥削剩余劳动的形式，而社会主义是按劳分配。作为实现消费的前提，收入分配对消费具有决定性作用。马克思认为，对抗性的分配往往使社会大多数人的消费水平缩小到相当狭小的限度。分配关系和分配制度是否合理直接关系到消费水平和消费质量的提高。合理的分配关系和制度有助于生活水平的提高和消费质量的改善，而不合理分配必然导致消费的扭曲与异化。

（三）消费与交换的辩证关系

交换是处在生产与消费之间的中间环节，起着媒介或桥梁作用。交换

---

[1] 马克思、恩格斯：马克思恩格斯选集（第20卷），北京：人民出版社，1971：162.

的目的在于消费，消费以交换为条件，如果没有交换，消费也就无从谈起。马克思在经济发展历史上第一次阐明了，消费与生产的关系是一种既对立又统一的矛盾关系，与将二者相对立或相等同的观点有着本质的不同。

生产、分配、交换和消费构成了既对立又统一的有机整体。一定的生产决定一定的消费、分配、交换，同时，生产就其片面形式来说，也决定于其他要素。生产通过分配和交换对消费发生作用；反之，消费也决定着生产，消费决定着生产目的和动力。

三、消费与环境的辩证关系

消费意味着满足人类物质和精神的需要，就要消耗自然资源。那么，怎样看待和处理人与自然的关系呢？马克思、恩格斯在概括和总结了19世纪中期科学新成就，将自然界、人类和社会历史统一于实践之中进行考察的基础上，突破了以往人与自然界对立的观点，阐明了消费与环境的辩证关系。

（一）人与自然环境相互渗透。消费环境有自然环境与社会环境两类。消费的自然环境是指影响消费的一切自然物质和能量，如土壤、气候、温度、光、热、水、电等。

人是自然进化的产物，是自然界的一部分。马克思认为："所谓人的肉体生活和精神生活同自然界相联系，也就等于说自然界同自身相联系，因为人是自然界的一部分。"[1] 这就是说，人的出现是自然界长期进化的结果。人与自然是部分与整体的关系，人不应把自己尊奉为自然的统治者、征服者，而应该把自己当作自然界的一部分。恩格斯说得更生动："我们连同我们的肉、血和头脑都属于自然界"。[2] 与此同时，人类社会也是自然

[1] 马克思、恩格斯：马克思恩格斯全集（第42卷），北京：人民出版社，1979：95.
[2] 恩格斯：自然辩证法，北京：人民出版社，1971：159.

界的一部分，与自然界相统一。无论社会的物质生活还是精神生活，都不能离开自然界。与自然进行持续的物质变换是人类社会得以生存和发展的必要条件，离开了自然界，人类就失去了最起码的生存条件，人类社会就更无所谓发展了。马克思还指出：“从理论领域说来，植物、动物、石头、空气、光等等，一方面作为自然科学的对象，一方面作为艺术的对象，都是人的意识的一部分，……从实践领域说来，这些东西也是人的生活和人的活动的一部分。”❶ 也就是说，自然界又是人的一部分。人只有依靠这些自然产品，肉体才能生存，无论这些产品是以食物、燃料、衣着的形式还是以住房等等的形式表现出来。可以说自然界虽不是人的直接身体，但它是人的无机的身体。通过人的生活、实践和创造，自然界的物品转化成人的身体和精神的一部分。所以说，人与自然是“你中有我，我中有你”相互渗透地存在的。

（二）人与自然环境相互作用。因为自然环境是人的物质生产资料和生活资料的唯一来源，所以自然环境对人的制约，最直接地表现为对人的物质生产和生活的制约。正如马克思说的：“没有自然界，没有感性的外部世界，工人就什么也不能创造。”❷ 马克思在《资本论》中谈到劳动生产率和自然条件的关系时，又指出自然条件在经济上可以分为两大类：生活资料的自然资源和劳动资料的自然资源。前者例如肥沃的土壤，鱼产丰富的水等，后者如飞流直下的瀑布、奔腾的河流、森林、金属、煤炭等。第一类自然资源在人类文明的初期，起到决定性的作用；第二类自然资源在社会发展的较高阶段，具有重要作用。无论是物质生活资料还是生产资料，归根到底都是大自然这个原始粮仓所提供的。我们应该感激养育了人类的母亲——自然！没有她，就没有人和社会的生存、发展。

人对自然环境的影响也是十分巨大的。这种影响表现在许多方面，其

❶ 马克思、恩格斯：马克思恩格斯全集（第42卷），北京：人民出版社，1979：95.

❷ 马克思、恩格斯：马克思恩格斯全集（第42卷）．北京：人民出版社，1979：92.

中，社会物质生产活动对自然界产生了最根本的和最重大的影响。随着生产力水平的迅速提高与科技的迅猛发展，人的活动对自然环境的影响也越来越大，甚至达到惊人的程度。马克思、恩格斯指出："先于人类历史而存在的自然界……除去在澳洲新出现的一些珊瑚岛以外今天在任何地方都不再存在"；人类活动，"这种连续不断的感性劳动和创造生产，是整个现存感性世界的非常深刻的基础，只要它哪怕它只停留一年，……自然界将发生巨大的变化。"❶ 随着人类对自然界的认识不断加深，人类对自然界的影响也越来越大，影响的性质、规模和速度在不断地变更、扩展。例如在自然状态下，动植物物种的进化需要几十万年、几百万年才能完成。但在人工培育下，只用几年的工夫就可以产生一个新的品种。❷

人类活动对自然界的影响既有积极的一面，也有消极的一面。例如，过度砍伐森林会造成水土严重流失，引发旱涝灾害；过量地抽取地下水和无节制开采地下矿藏，会引起大面积的地壳下沉。如果不有意识地进行控制，而是让人类任意地开发，到最后大自然只会变成一片荒漠。

人与自然之间的相互影响、相互作用，要求人与自然的和谐共处。尽管人类实践活动的发展和科技水平的提高，使得人类认识、改造自然的能力得到很大加强，但是人类仍然不能违背自然规律行事，人类想要肆无忌惮地"掠夺"自然，必然会搬起石头砸自己脚。恩格斯曾这样告诫人类："我们不要过分陶醉于我们人类对自然界的胜利。对于每一次这样的胜利，自然界都对我们进行报复。……因此我们每走一步都要记住：我们统治自然界，决不像征服者统治异族人那样，决不像站在自然界之外的人似的，——相反地，我们连同我们的肉、血和头脑都是属于自然界和存在于自然之中的；我们对自然界的全部统治力量，就在于我们比其他一切生物强，能够认识和正确地运用自然规律。"❸ 因为如果自然环境遭到破坏，就

❶ 马克思、恩格斯：马克思恩格斯全集（第3卷）[M]．北京：人民出版社，1960：50.
❷ 吕文林：唯物史观视野中的环境问题 [D]．北京：中共中央党校，2003：26.
❸ 马克思、恩格斯：马克思恩格斯全集（第20卷）[M]．北京：人民出版社，1972：520.

会直接影响人的生存和发展，消费更加无从谈起。所以，不仅要保护自然环境，而且要培育优美的自然环境，只有人与自然关系和谐，人类才能在优美的自然环境中愉悦地生活，享受大自然的丰厚赐予，人才能实现身心健康和全面自由发展。马克思、恩格斯预示：在未来的“自由联合体”社会中，人们将最终能够实现人与自然的协调发展。

（三）人与社会环境相互影响。人是社会的动物，任何人的消费，都无法脱离社会环境。消费的社会环境是指被人类活动影响或干预的社会因素和自然环境，包括生产关系、社会制度、社会风气、科学文化、生产力、经济活动、秩序等。社会环境的优良与否影响着人的消费水平和消费质量。另外，人与自然的关系实质上受制于人与人的关系。所以，解决人与自然的矛盾也离不开调整和变革人与人之间的社会关系。因此，建立一种公平地分配人们之间以及当代人与后代人利益的社会制度，创造一种优良的社会环境对于实现和谐消费同样十分重要。

第二节　列宁、斯大林的消费思想

在马克思、恩格斯的思想基础上，马克思主义消费观随着时代的变化，得到了进一步发展。在前苏联，以列宁和斯大林为代表的马克思主义者在社会主义革命和建设中，根据自己的国情进一步发展了马克思主义消费观。

一、社会主义的生产目的是满足人民日益增长的消费需要

列宁和斯大林都强调把人民日益增长的消费需要作为社会主义的生产目的。斯大林在《苏联社会主义经济问题》一书中认为社会主义生产目的是：“用在高度技术基础上使社会主义生产不断增长和不断完善的办法，来保证最大限度满足整个社会经常增长的物质和文化的需要。”列宁通过

将资本主义和社会主义的生产目的进行比较，来论述需求不断上升这一经济规律。列宁认为，在资本主义社会，需求不断上升规律发生作用时，生产与消费之间存在对抗性矛盾，并由此产生经济危机。这是因为在资本主义再生产过程中，竞争使生产具有无限扩大的趋向，但是消费增长却极其缓慢。列宁指出资本主义社会的这种矛盾根源在于，资本主义制度和生产目的排斥人民群众的消费随着生产增长而增长，因而人民群众享受不到生产力发展所带来福利和成果。

列宁明确表述社会主义生产目的是满足人民群众的消费需要。列宁不仅重视一般的物质文化生活需要，而且重视劳动者全面自由发展的需要。他认为，在社会主义社会，劳动者应该享用自己生产的劳动产品；超出基本生活需要的剩余产品将用来满足人民的各种其他需要，以充分发展他们的各种才能，应充分保证全体成员的社会福利，使他们获得全面自由的发展。由此可见，需求不断上升规律是受社会制度及其生产目的制约的。

二、社会主义的优越性体现在提高人民群众的消费水平

列宁和斯大林认为，社会主义国家，既然是人民当家作主人，就应该提高人民群众的生活水平，认为这是社会主义优越性的表现，并把消费品的分配作为实现优越性的重要手段。列宁说：“只有社会主义才可能根据科学的见解来广泛推行和真正支配产品的社会生产和分配，也就是如何使劳动者过最美好、最幸福的生活”。❶

列宁旗帜鲜明地指出，几百年来在饥饿的俄国，只有在工人阶级领导时，农民才第一次吃得饱吃得好；只有无产阶级才能满足农民的需求，改善农民的生活。也就是说，列宁认为只有在社会主义的条件下，通过发展社会主义生产力，按照合理的分配原则进行分配，才能提高人民群众的生

❶ 列宁：列宁全集（第34卷）[M]．北京：人民出版社，1985：356.

活水平，从而发挥出社会主义的优越性。

三、利用差别消费促进经济发展

列宁十分重视消费对经济的促进作用。他反对平均主义的消费思想，主张有差别的消费，鼓励某一生产部门特别是重点部门的优先发展，他认为，在消费上可以实行照顾政策。“我们毕竟是唯物主义者，工人也是唯物主义者，如果你提出重点制，那就请你给我们面包、衣服和肉类吧”。❶

对于优秀的劳动者，不能只是精神鼓励，要给他们“面包和肉”等物质奖励。列宁充分肯定消费对经济的刺激作用，是他由战时共产主义政策转向新经济政策的重要标志之一。他认为，“要改善工人的生活状况，就需要有粮食和燃料，……要增加粮食的生产和收成，增加燃料的收购和运输，非得改善农民生活状况，提高他们的生产力不可”。❷ 列宁的这些见解和实践，对我们今天的社会主义和谐社会和全面小康社会建设仍具有重要的意义。

四、过度强调重工业，有得也有失

列宁认为要改变国家的落后面貌，就必须实现工业化，否则就不能成为社会主义国家。他提出要改变小农经济，发展重工业。列宁的思想奠定了苏联社会主义工业化的理论和政策基础。之后，斯大林式工业化道路思想成为苏联实施工业化的具体指导思想。1925 年 12 月，苏联共产党“十四大”确立了社会主义工业化的总方针。到 1937 年时，苏联建立起了部门齐全的大工业体系，基本上实现了以重工业为中心的国家工业化，工业总产值已赶超了英、德、法三国，跃居欧洲第一位、世界第二位。

斯大林式工业化道路虽然取得了巨大的成功，树立了苏联的国际地

---

❶ 列宁：列宁全集（第 40 卷）［M］．北京：人民出版社，1986：208.

❷ 列宁：列宁全集（第 40 卷）［M］．北京：人民出版社，1986：211.

位。但是我们也要看到，苏联的工业化成果是以牺牲人民的消费水平作为代价的。为了保证重工业的高速增长，一方面通过农业集体化剥夺农民，另一方面通过压低工资、限制消费品供给、倡导“爱国储蓄”等，减少并抑制消费需求，把资金等社会资源集中到重工业部门。由于长期片面强调重工业，农业和轻工业没有得到应有的发展，人民生活水平得不到相应提高，加上对农民利益的长期漠视和侵害，严重影响了工农关系，动摇了国家的政治基础，最终成为导致苏联解体及其社会主义事业失败的重要原因。

苏联工业化道路的启示告诉我们，实现工业化必须从国情出发，坚持以人为本的发展观，正确处理经济、社会、人的发展的关系。实现工业化只是一种手段，其目的是为了满足人民的物质文化生活需要。只有这样，才能更好地发挥出社会主义制度的优越性，把社会主义国家建设得繁荣富强。

第三节　中国化的马克思主义消费思想

在马克思主义中国化的进程中，中国共产党人联系中国的实际对马克思主义的消费思想进行了实践和推进。党的几代领导核心毛泽东、邓小平、江泽民、胡锦涛根据不同的时代特点提出了一系列消费理论、消费政策，引导中国人民摆脱贫困，解决温饱，初步实现小康社会，并向全面小康社会迈进。

一、关注民生，提高人民消费水平

重视人们的物质利益，将消费看作生产发展的目的与归宿，这是马克思主义历史唯物主义的基本观点。中国共产党的几代领导集体都深刻地认识到了这一点，把提高人们的生活水平、改善人民生活条件作为我国和谐消费理论和实践的根本出发点。

以毛泽东为核心的第一代领导集体的和谐消费思想是马克思主义和谐消费思想在中国发展演变的起始点和奠基石。毛泽东认为，中国共产党是人民生活的组织者，因此组织发展生产、提高人民生活水平是中国共产党人的任务。他说“解决群众的穿衣问题吃饭问题，住房问题，柴米油盐问题，疾病卫生问题，婚姻问题。总之，一切群众的实际生活问题，都是我们应该注意的问题。假如我们对这些问题注意了，解决了，满足了群众的需要，我们就真正成了群众生活的组织者。”❶在民主革命时期，为了保障军队供给和人民生活需要，毛泽东卓有成效地领导了军民大生产运动；在社会主义建设时期，毛泽东再次强调：“我们的重点必须放在发展生产上，但发展生产和改善人民生活二者必须兼顾。”❷但由于“左”倾错误的影响没有达到预期的效果，影响了社会经济的发展和人民生活的改善。

以邓小平为代表的第二代领导集体通过十一届三中全会纠正了“左”的思想倾向，使我国经济发展的战略目标重新回到人民日益增长的物质和文化生活的需要上来。把提高人们的生活水平提高到社会主义制度的优越性、社会主义根本任务和评价工作得失的高度。邓小平认为“发挥社会主义的优越性，归根结底要大幅度发展社会生产力，逐步改善、提高人民的物质生活和精神生活。”❸并且提出“社会主义时期的主要任务是发展生产力，使社会物质财富不断增长，人民生活一天天好起来。”❹在 1992 年南方讲话时邓小平强调指出，判断各方面工作是非得失，归根到底“应该主要看是否有利于发展社会主义社会的生产力，是否有利于提高人民的生活水平”，❺并制定了具体的社会主义战略步骤，使人民生活朝着从温饱向小康再向中等发达国家水平、发达国家水平的方向不断迈进。

---

❶ 毛泽东：毛泽东选集（第 1 卷），北京：人民出版社，1991：136 ~ 137.
❷ 毛泽东：毛泽东选集（第 5 卷），北京：人民出版社，1977：92.
❸ 邓小平：邓小平文选（第 3 卷），北京：人民出版社，1993：116.
❹ 邓小平：邓小平文选（第 3 卷），北京：人民出版社，1993：171.
❺ 邓小平：邓小平文选（第 3 卷），北京：人民出版社，1993：372.

以江泽民为核心的第三代领导集体提出了合理消费的核心价值理念，丰富和发展了马克思主义的和谐消费思想。江泽民多次强调“加快改革开放和经济发展，目的都是为了满足人民日益增长的物质文化需要。随着生产发展和财富的增加，城乡居民的实际收入、消费水平和生活质量要有明显提高。”❶ 以胡锦涛为核心的当代领导集体结合中国全面建设小康社会的实际，提出了以人为本的科学发展观，“坚持以人为本，就是要以实现人的全面发展为目标，从人们的根本利益出发谋发展、促发展，不断满足人民群众日益增长的物质文化需要，切实保障人民群众的经济、政治、文化权益，让发展的成果惠及全体人民。❷

二、缩小贫富差距，重视公平消费

党的领导人历来都非常重视贫富差距问题。以毛泽东为核心的第一代领导集体在国民收入分配上，主张国家、集体和个人三兼顾，毛泽东还主张办好集体福利事业，集体福利属于公共消费，社会主义发展公共消费形式是马克思主义的一贯主张。

针对平均主义和“大锅饭”造成的社会生产力发展缓慢、劳动效率低、劳动者积极性不高的弊端，邓小平提出了“让一部分人、一部分地区先富起来，从而带动其他人、其他地区，最终达到共同富裕”这一由部分向整体逐渐推进的消费原则。“社会主义原则，第一是发展生产，第二是共同富裕。我们允许一部分先好起来，一部分地区先好起来，目的是更快地实现共同富裕。正因为如此，所以我们的政策是不使社会导致两极分化，就是说，不会导致富的越富，贫的越穷。”❸ 此外，邓小平还高度重视农民消费问题，他认为，“中国社会是不是安定，中国经济能不能发展，首先要看农村能不能发展，农民生活是不是好起来。翻两番，很重要的是

❶ 江泽民论有中国特色社会主义（专题摘编），北京：中央文献出版社，2002：109.

❷ 胡锦涛：在中央人口资源环境工作座谈会上的讲话，《人民日报》，2004：3.1.

❸ 邓小平：邓小平文选（第3卷），北京：人民出版社，1993：171～172.

这百分之八十的人口能不能达到。”[1]为此，他要求减轻农民负担，增加农民收入。

以江泽民为核心的第三代中央领导集体针对改革过程中人们收入差距有所扩大，部分社会成员消费能力低甚至出现生活困难的严峻现实，反复强调要高度关注困难群众的生活，要想方设法提高困难群众的收入水平和消费水平，以体现社会主义的公平。他说：“千方百计增加农民收入，是当前农业和农村工作的一项重要任务。”[2]“人民生活问题的另一个重点是要关心城镇低收入居民生活”因此，江泽民强调要深化分配制度改革，健全社会保障体系，通过调节分配来调节消费以提高困难群体的收入水平和消费能力。他说：“坚持效率优先、兼顾公平”“调节差距扩大的收入。以共同富裕为目标，扩大中等收入者比重，提高低收入者收入水平。”[3] 以胡锦涛为核心的当代领导集体提出以人为本，全面、协调、可持续发展观，要统筹城乡收入差距、区域发展差距，最大限度地整合不同利益群体，以实现社会的公平正义。同时，把促进粮食增产和农民增收作为首要任务，在制度、政策和投入方面加大力度，提高农村消费水平和消费质量。

三、反对腐败奢侈，提倡适度消费

艰苦奋斗，勤俭节约是第一代领导集体的一贯主张。毛泽东同志说：“要使我国富强起来，需要执行厉行节约、反对浪费这样一个勤俭建国的方针。”[4]为此，他要求精简机构，节约管理费用，减少非生产性开支，要求党员干部艰苦朴素，不特殊，不大吃大喝，与群众同甘共苦。毛泽东不仅积极倡导艰苦奋斗、勤俭节约，而且身体力行、率先垂范。

在改革开放的过程中，社会上出现了一些腐败现象，行贿受贿、以权

---

[1] 邓小平：邓小平文选（第3卷），北京：人民出版社，1993：77.
[2] 江泽民论有中国特色社会主义（专题摘编），北京：中央文献出版社，2002：112.
[3] 江泽民：在中国共产党第十六次全国代表大会上的报告，2002：11.8.
[4] 毛泽东：毛泽东文集（第7卷），北京：人民出版社 1999：240.

谋私、贪污腐化、奢侈消费等不正之风开始在党内蔓延。这些腐败现象损害了党在人民群众中的声望，也导致了错误的消费导向，助长了消费早熟。对此，邓小平反复强调要反腐倡廉，因为腐败现象不消除，反过来会影响整个经济变质，破坏合理的消费结构，最终导致广大人民群众的生活水平下降。针对社会上出现的集团性消费浪费惊人，个人消费中存在挥霍性、低级庸俗性、愚昧性消费等现象，邓小平一再强调指出："我们搞四个现代化，要老老实实的艰苦创业。我们穷底子薄，教育、科学、文化都落后，这就决定了我们还要有一个艰苦奋斗的过程。"❶

江泽民指出，在经济发展的基础上逐步提高人民的生活水平，坚决反对脱离经济发展水平的高消费，坚决反对奢侈浪费，并强调将思想教育与制度建设相结合，反对奢侈浪费、引导合理消费。他说："要按照中央的部署，进一步抓好领导干部廉洁自律，进一步落实党政机关厉行节约、制止奢侈浪费行为等各项规定，刹住挥霍公款、追求享受的不良风气。"❷胡锦涛在党的十七大报告中强调："倡导勤俭节约、勤俭办一切事业，反对奢侈浪费。全党同志特别是领导干部都要讲党性、重品行、作表率。"

四、强调物质消费、精神消费协调发展

由于历史任务和当时条件的限制，第一代领导集体更注重解决人们的生存问题，还没有足够的条件大力发展人们的精神消费。随着改革开放的发展和人民生活水平的提高，第二代领导集体注重引导人们的精神文化消费。邓小平同志指出，搞社会主义不仅要致力于提高人民的生活水平，也应包括不断丰富人民的精神文化生活，"要努力在全社会形成适应现代生产力发展和社会进步要求的，文明的、健康的、科学的生活方式，摒弃那些落后的、愚昧的、腐朽的东西。"❸他强调精神文化生产部门应向社会提

❶ 邓小平：邓小平文选（第2卷），北京：人民出版社，1994：257.

❷ 江泽民：在中共中央纪委第二次全会上的讲话，1998：1.22.

❸ 中共中央关于经济体制改革的决定，1984.

供积极向上的精神食粮和健康有益、多姿多彩的文化产品。

随着经济发展和温饱问题的解决，江泽民提出要正确处理物质消费与精神消费的关系，坚持两者并重。强调要不断改善人民的精神文化生活和受教育的条件。他说："努力增加城乡居民实际收入，拓宽消费领域，引导合理消费。在改善物质生活的同时，充实精神生活，美化生活环境，提高生活质量。"❶ 要使"人民享有接受良好教育的机会……形成全民学习、终身学习的学习型社会，促进人的全面发展。"❷

适应新的时代发展，胡锦涛提出构建社会主义和谐社会的主题。社会和谐重视精神消费与物质消费的平衡，强调对人的终极关怀。当前消费主义的生活方式使人变成了充满物欲的"消费人"，只有引导人们增加精神消费的比重，才能最终达到人与自身真正的和谐。

五、保护生态环境，走科学发展之路

在新中国成立初期，由于受"左"倾错误和人类中心主义的影响，虽然党和国家领导人提出了一些关于植树造林、改善生态环境的零散思想，但总体说来，还不具有环境保护的意识，也没有把环境的问题提到社会发展的高度来认识。

在 20 世纪 80 年代，生态环境恶化趋势开始凸显，如何在发展经济的同时保护和改善生态环境，成为以邓小平同志为核心的第二代中央领导集体关心和思考的一件大事。在邓小平同志的倡导下，植树造林、绿化祖国成为了公民的法定义务。并先后制定、颁布、实施了森林法、草原法、环境保护法、水法等法律法规，对保护、开发生态环境及其资源提供了强有力的法律保障。

以江泽民为核心的第三代领导实施了可持续发展战略，大力推进经济

❶ 江泽民论有中国特色社会主义（专题摘编），北京：中央文献出版社，2002：110－111.

❷ 江泽民：在中国共产党第十六次全国代表大会上的报告，2002：11.8.

与社会相互协调和可持续发展。“千万要注意，在加快发展中决不能以浪费资源和牺牲环境为代价。”[1]江泽民认为，合理消费是与经济发展水平和资源环境的承受能力相适应的适度消费，是一种可持续性消费，即有利于经济社会可持续发展和资源环境可持续利用的消费方式。

胡锦涛指出环境问题是中国实现可持续发展的最大难题。在十六届三中全会确立科学发展观，强调人与自然和谐统筹发展；十六届四中全会提出构建社会主义和谐社会，即实现人与自然、人与社会、人与人之间和谐，各方面协调发展的有中国特色的社会主义；在十七大报告中不仅第一次提出了生态文明命题，而且还明确了生态文明建设的目标和措施。

综上所述，从毛泽东到邓小平再到江泽民、胡锦涛，中国化的马克思主义消费观逐步发展为一个完整的思想体系。它是我们制定和完善消费制度、消费政策，构建有中国特色社会主义和谐消费理论体系，引导人们科学合理消费的理论依据。

---

❶ 国家环境保护总局等：新时期环境保护重要文献选编，北京：中央文献出版社，2001：383.

第二章　题中之义：和谐社会内在地包含了和谐消费

第一节　和谐社会、和谐消费的释义

一、和谐社会的含义、本质内容

（一）何为“和谐”？

和谐是21世纪人们关注的主题，人和社会的全面和谐是人类社会发展的终极追求。和谐是中国文化的要义和精髓，其内涵博大精深、源远流长。“和”，原本是一种乐器，写作“龢”。由乐器引申为乐调，再引申为乐调的调和，再进一步引申为各种声音的相应和鸣，于是出现了另一个字“和”。“和”、“谐”在先秦典籍中就已同时出现。《周礼》讲到礼的作用和功能时，就多次说到“以和邦国，以谐万民。”[1]“八年之中，九合诸侯，如乐之和，无所不谐。”[2]这些都是“和”与“谐”并用的例子。虽然“和谐”或“谐和”连缀成一个词汇是较后的事。但和谐的思想，包括一些带有“和”字的词汇如和睦、和顺、和气、和合、泰和、仁和、中和、祥和等等表达和谐思想的内容，在古代典籍中成熟得极早，其含义也极其

---

[1] 《春官·大宰》.

[2] 《左传·襄公十一年》.

广博、深刻。

儒家的礼，以和谐为最高的价值指向，即“礼之用，和为贵”。《国语》云：“夫合实生物，同则不继。”和谐不是简单同一，而是多样性的统一。孔子指出：“君子和而不同，小人同而不和。”古希腊毕达哥拉斯学派把和谐看成是杂多的统一，不协调的协调。赫拉克利特也认为和谐就是互相排斥的东西结合在一起，和谐就是对立统一。黑格尔在《美学》一书中明确指出：“比单纯的符合规律更高一级的是和谐。和谐是从质上见出的差异面的一种关系，而且是这些差异面的一种整体，它是在事物本质中找到它的根据的。”❶

和谐不是简单的“整齐划一”，是“各因素之中的”“协调一致”，是多样的统一，多元的互补，共生而不相害。聚集不同的事物而得其平衡，叫做“和”。

和谐作为一种道德评判的标准与风范，其存在范围是非常广泛的，凡是涉及行为的地方总是存在着和谐与否的问题。在中国传统和文化中，人与人之间关系的和谐，即人和；家庭关系的和谐，即家和；国家内部和国家之间关系的和谐，即国和。同时，中国古代还十分重视人与自然的和谐，这种整体和谐的观念在中国古代“天人合一”的思想中表现得十分显著。孔子说“和无寡，安无顷。”人与人之间和睦相处，国家便不会顷危。王充在《自然篇》中指出：“天地和气，万物自生，犹夫妇和气，子自生埃。”遵循和谐这一准则，天地万物将各得其所、生机盎然。将哲学范畴的“和谐”引入政治领域，就产生了和谐社会的理想，进而成为人们追求的社会价值目标。❷

由此可以得出结论，“和谐”的本质有两层含义：一是主张多样，二是主张平衡。多样性的东西共存而达到平衡，才能形成和谐。和谐是指矛

---

❶ 〔德〕黑格尔著，朱光潜译：美学（第1卷），北京：商务印书馆，1979：180.

❷ 张勇. 和谐型消费伦理研究［D］，北京：首都师范大学，2009：17~18.

盾双方在一定条件下达到统一而呈现的共生共荣、稳定有序、合乎规律性的发展状态。其外延包括人与自然的和谐、人与社会的和谐、人与人的和谐、人自身的和谐。和谐不是自然而然就能实现的，也不是一劳永逸的状态，是通过不断化解矛盾而争取到的，一个不断持续的过程。

（二）何为“和谐社会”？

早在古希腊时期，和谐就被被引入社会领域，柏拉图阐述了公正及和谐的观点，提出“理想国”的构想。19 世纪的法国经济学家巴斯夏撰写了《和谐经济论》，认为“一切正当的利益彼此和谐”，企图建立一个彼此协调而又自由竞争的社会经济体系。空想社会主义者把建立和谐社会作为社会发展目标。1842 年，空想社会主义者魏特林在《和谐与自由的保证》一书里，就把资本主义称为“病态社会”，把社会主义称为“和谐与自由”的社会，并且指出，新社会的“和谐”不是“个人和谐”，而是“全体和谐”。马克思主义则认为，实现和谐社会是人类历史发展的必然趋势，生产力的高度发展是实现和谐社会的前提条件，未来的和谐社会是各方面协调发展的社会。

党的十六届四中全会提出要构建社会主义和谐社会这一重大论题，随后又提出了和谐世界和和谐地球的概念，构建和谐社会是时代发展的必然要求，更是实现人和社会全面而自由发展的本质要求。和谐社会的基础是社会利益的协调，是各种社会矛盾的良性互动和协调发展。消费是社会的基本活动，和谐消费是和谐社会的基础。

和谐社会包括经济和谐、社会和谐、自然和谐，经济和谐是社会和谐的基础，而作为经济运行四大环节之一的消费，不仅在经济和谐构建中居于关键地位、起着关键作用，而且在社会和谐、自然和谐的构建中也居于基础地位、起着基础作用，因此和谐消费对于和谐社会的构建有着重要的意义。[1]

---

[1] 孟秋菊：消费和谐论，成都：西南交通大学出版社，2010：15～17.

从党的十六届四中全会明确提出建设“社会主义和谐社会”以来，学术界对和谐社会概念的阐述仁者见仁、智者见智，综合起来有以下两种观点：一种观点是广义地界定社会主义和谐社会，认为和谐社会既包括人与人、人与社会之间的和谐，也包括人与自然、社会与自然之间的和谐。另一种观点是狭义地界定社会主义和谐社会，认为和谐社会是社会内部关系的协调。对于和谐社会含义的广义与狭义之分，源于人们对“社会”含义理解的不同，以及对社会外延的划分不同。目前对社会的含义有多种理解，概括起来也有广义和狭义两种。一种认为社会包括一个国家的各个方面，如上面所提到的和谐社会既包括人与人、人与社会之间的和谐，也包括人与自然、社会与自然之间的和谐。这种定义显然是从最宽泛的角度来理解社会的。另外一种较狭义的理解是将社会与自然、经济相对应，自然是指自在存在的自然界和各种自然物，经济是指市场关系中的经济事务，社会则是指自然和市场之外的社会活动与社会管理事务，按照社会的这个含义，我们可以把国家划分为自然、社会、经济三大领域。本文所讲的“和谐社会”是指最广义的社会，是指以人为中心的，人与经济、人与社会、人与自然之间关系协调的国家。本文所涉及的社会除“和谐社会”外，主要指狭义的社会，即与自然、经济相并列的社会。[1] 在和谐社会系统中，各组成部分内部以及和组成部分之间处于一种相互依存、相互协调、相互促进的理想状态。

（三）社会主义和谐社会的本质内容

党的十六届四中全会明确提出构建“社会主义和谐社会”的概念，同时也阐述了构建社会主义和谐社会的相关内容和主要特征，其主要内容可以概括为三个方面：人与人的和谐、人与社会的和谐、人与自然的和谐。社会主义和谐社会的六大特征是：民主法治、公平正义、诚信友爱、充满

---

[1] 孟秋菊：消费和谐论，成都：西南交通大学出版社，2010：15~17.

活力、安定有序、人与自然和谐相处。[1]

和谐社会的内容及特征体现了公平和效率的有机统一，社会动力机制和平衡机制的有机结合，社会终极的价值目标与社会历史进程的结合，是构建社会主义和谐社会重大战略思想的起点。

1. 人与人的和谐

构建社会主义和谐社会的任务之一就是处理好人际关系，建立公正合理的社会制度，实现人与人的和谐发展。

和谐的人际关系就是人与人在社会交往过程中，基本利益一致，双方心理距离接近，心理相容性强，彼此感情认同。在和谐的人际关系中，人们具有科学的人生观、价值观和世界观；人与相互协作；人们之间以诚相待，平等、民主、相亲、互助。人们安定团结，共同致力于国家兴旺、民族昌盛和社会进步。在和谐的人际关系中，人们致力于生产劳动，人的能力和才华得以最大限度的施展，人也得以健康快乐成长。

2. 人与社会的和谐

人与人的和谐交往必然促进人与社会的和谐。马克思主义认为，人的本质是一切社会关系的总和，因而，人的发展的本质在于人的社会性和社会关系的不断丰富和发展。同时，人的发展是社会发展的前提和目的，正如马克思和恩格斯在《共产党宣言》中指出的那样，在共产主义社会中，“每个人的自由发展是一切人的自由发展的条件”。

促进人与社会的和谐发展是我国全面建设小康社会的最终目标和本质要求。马克思主义评价社会制度是否先进的标准，就是能否促进和实现人与社会的和谐发展。而发展生产力，满足人们不断增长的物质文化生活需要，消除两极分化，最终实现共同富裕，是社会主义的本质，它充分体现了社会主义以人的全面发展为价值目标。因此，社会主义虽然也致力于发展经济，但发展经济不是最终目的，它是为了满足人的物质文化需要，是

---

[1] 吴俊杰，张红：中国构建和谐社会问题报告［M］，北京：中国发展出版社，2005. 9 ~ 16.

促进人的全面发展的手段和条件。只有不断促进人的全面发展，才能不断发挥社会主义制度的优越性。

3. 人与自然的和谐

十六大指出全面建设小康社会的目标之一是："可持续发展能力不断增强，生态环境得到改善，资源利用效率显著提高，促进人与自然的和谐，推动整个社会走上生产发展、生活富裕、生态良好的文明发展道路。"

人类社会与自然界是矛盾统一的辩证关系。一方面，人与自然相互联系、相互依存、相互渗透。人脱胎于自然界，其本身就是自然界的一部分，人的生存和发展，一刻也离不开自然。随着人类认识自然、改造自然的能力不断增强，自然也早已不是原本意义上的自然，而是到处都留下了人的意志印记的自然，即人化了的自然。人与自然的这种相依相存的关系，要求人类在实践活动中要自觉地接受自然规律的支配，促进自然与社会的稳定、同步进化，推动自然与社会的协调发展。另一方面，人与自然之间又是相互对立的。人类为了更好地生存和发展，总是不断地否定自然界的自然状态并改变它，而自然界又竭力恢复到自然状态。如果对二者之间这种作用与反作用的关系处理得不好，就极易造成人与自然之间的失衡，人类因此遭受自然的报复也就在所难免。

二、和谐消费的含义、特征、层次、原则

（一）何为"消费"？

1. 消费的含义。在现代社会，消费不仅是人们日常的经济活动，而且是一种生活方式，还是一种社会行为和文化形态。当今世界是一个繁荣的世界，更是一个繁荣的大市场。从西方发达国家的消费社会到挣扎在生存边缘的落后地区，从高楼林立的商业中心到穷乡僻壤的农贸集市，人们熙来攘往都在消费。自从人类开始有意识地使用和消耗物品时，消费活动就开始了。

在中国古代，消费是作动词使用的，其含义相当于消磨、浪费。最早提到“消费”二字的人，是东汉的王符，他在《潜夫论浮移》中说奢侈品生产“既不助长农工业，无益于世，而坐食嘉谷，消费白日……”。[1] 从“消费”含义的演变过程来看，消费逐渐由带有贬义色彩的“浪费”过渡到了具有中性含义的“耗费”。今天在《汉语大词典》中将“消费”解释为“为了生产和生活而消费物质财富”，仅仅是一种经济行为的描述，而不再具有任何贬义的性质。

在《大布列颠百科全书》卷4中，消费的字面含义是“对物品和劳务的最终耗费”。西方对消费的描述也经历了一个变迁过程。14世纪出现在英语中的“消费”含有“摧毁、用光、浪费、耗尽”等贬义，18世纪中期以后，它才成为与生产相对应的概念，同生产、交换、分配一起，构成了经济流程的一个必要的部分。而20世纪中期以来，除了表示商品的购买和使用，消费又多了一层含义，还指满足基本生物需要以外的某种需要的活动，消费具有了更多的符号或象征化的意义。正如鲍德里亚在《消费社会》一书中所说的，在消费社会，消费已经构成一个欲望满足的对象系统，成为获得身份的商品符码体系和符号信仰的过程。

当代人们研究消费的概念大多都是从不同学科的维度来阐释的。就像马克思所说的：“消费这个不仅被看成终点而且被看成最后目的的结束行为，除了它又会反过来作用于起点并重新引起整个过程之外，本来不属于经济学的范围。”[2] 这句话我们可以理解为：消费不仅是经济学研究的一个范畴，还是社会学、生态学、心理学、哲学、政治学等学科的研究对象。

从经济学角度阐述的消费，认为消费的对象是食品等生活资料和生产资料，消费的目的是为了满足人们生活和生产的需要。而人类社会的整个生产过程就是利用一切工具生产产品用以消费的过程。

---

[1] 《汉语大词典》卷5，《联锦字典》卷3.

[2] 马克思、恩格斯：马克思恩格斯全集（第12卷）. 北京：人民出版社，1998：739.

在社会学的视野中，消费表面上是对产品和服务的使用及消耗行为，产品和服务所表征的社会身份、社会地位才是消费的本质。他们更多地专注于消费的符号意义和社会象征意义以及与之伴随的社会阶层、社会地位等的划分。社会学家也正是通过分析消费的符号意义，展开对消费社会的批判。

生态学关于消费的概念主要是从人的物质需求与资源环境的关系来理解消费的。人的物质需求是无限的，资源环境又是有限的。要使人类永远地繁衍生息，我们必须可持续地发展，消费必须有利于环境和资源保护、有利于生态平衡。当人们的消费具有了保护环境的功能时，这种消费就是一种生态消费。生态消费主要是侧重于生态环境的保护和人与自然的可持续发展，更具有系统性和全局性。

从哲学的角度理解消费，马克思的观点具有代表性和优越性。马克思说："在生产中人客体化，在消费中物主体化"。[1] 就是说，在消费活动中，客体转化为主体的物质力量和精神养分，使主体的体力和脑力的消耗得到补充和恢复，从而使人的发展需要得到满足。消费的实质是人的主体性的实现过程，是消费与人的生存和发展的关系问题。只有把消费问题放在人学视野中，才能为研究消费问题找到深刻的基础和深远的源头。

本书所讲的消费是广义的消费，根据消费主体来划分，消费包括生产消费、生活消费和政务消费三个方面，生产消费，是指企业在生产过程中生产资料和劳动力的消耗。生活消费，即人们为了满足自身物质和精神的需要而消耗物品和劳务的行为。政务消费，是指满足各级政府及其所属机构为开展日常政务活动或为公众提供公共服务的需要而消耗一定产品的活动。关于政府消费行为的研究，往往是从宏观调控的角度研究政府的财政支出。很少把政府作为一个同企业或居民一样的消费主体进行研究。因

---

[1] 马克思、恩格斯：马克思恩格斯全集（第46卷）（上）[M]. 北京：人民出版社，1979：26.

此，可以说，虽然政府职能消费是一种重要的经济现象，但从消费的角度看，政府职能消费的研究目前仍是学术界比较薄弱的领域。

上述消费的概念至少有两个方面的内容：

其一，消费过程的三个基本要素，包括消费主体、消费客体和消费环境。消费过程是在一定的环境中，消费主体耗费和享用客观的消费对象的过程。消费主体的素质和能力、消费客体的数量及质量直接影响消费过程的质量，直接决定消费需要的满足程度。消费的自然环境和社会环境，直接影响消费主体与消费客体结合过程的质量，直接决定消费者的身心素质。

经济学意义上的消费对象，包括物质消费品和劳务，是生产的产品。因此，凡不属于生产创造的产品，例如大自然中的空气、阳光、水和生物等，未经人类劳动的作用，就不是消费对象。当然，自然界是人们生活重要的条件之一，对人们的生活、消费同样起着重要的影响，从这个意义上，它也是消费研究的对象。[1]

其二，消费的目的是满足需要。人们从事一切经济活动的最终目的是满足需要，消费是实现满足需要的最直接、最基本的形式。从满足需要的最高层次来说，消费的终极目的是满足自我实现的需要，实现人全面而自由的发展。需要是消费的内在动力，消费是需要的外在满足形式。只有抓住了需要，才是抓住了消费的本质。

（二）何为“和谐消费”？

1. 和谐消费的含义。关于和谐消费的定义，学术界众说纷纭。其中有一种“消费系统和谐论”。这种观点认为消费和谐是消费系统内部各组成部分如消费结构、消费要素、消费组织、消费市场及其与外部环境处于和谐的状态。比如汤跃进在《和谐消费：和谐社会构建的一个新视角》（2007）一文中认为，消费和谐就是符合人的本能要求，体现人的本质力

---

[1] 赵吉林. 中国消费文化变迁研究，北京：经济科学出版社，2009：28～29.

量，能促进人的全面发展的消费观念、消费方式、消费结构、消费行为和消费环境，从而形成社会主义生产关系和生活方式的本质要求，符合消费规律的客观要求的消费价值观能促进人与人、人与社会、人与自然的和谐相处。齐蓓在《论现代和谐消费理念》（2009）一文中提出，理解现代和谐消费理念可以从“现代”、“和谐”、“消费”这三个方面来把握。因此，现代和谐消费理念指在当代社会中能促进人的全面发展，体现人的本质力量，符合社会主义生产关系和生活方式的，和谐解决消费矛盾的消费意向、消费方式和消费结构的有机统一。

马伯钧教授在《消费和谐释义》（2007）一文中认为消费和谐有三大特点：一是从消费者本身来说，消费和谐是消费者自身消费需要的满足；二是从消费者之间的关系说，消费和谐是消费者之间的消费差距的适度和合理；三是从消费者和自然之间的关系来说，消费和谐是消费的可持续性。唐未兵在《和谐消费是和谐社会中之意》（2007）一文中认为，和谐消费有广义和狭义之分。广义的和谐消费是消费作为社会再生产的环节之一，必须与生产、交换、分配相协调。狭义的和谐消费是指个人消费结构、消费方式是合理的、科学的，即在消费均衡的条件下不存在外部不经济或尽可能减少外部不经济的个人消费过程和消费行为。刘敏在《中国当代居民和谐消费方式研究》（2007）一文中指出，和谐消费是消费者在一定的消费环境下，通过各种消费活动包括物质消费活动和精神消费活动所获得的一种消费自由和协调状态。和谐消费的特征在于：以人为本、尊重自然、尊重他人、全面和谐。以上三种观点是从经济学角度提出来的。

上述学者从不同的角度阐述了和谐消费的含义，都有可取之处，但也有不足。有的定义太狭窄，仅局限于某个学科领域；有的定义太抽象，令人不易理解。而且这些观点大部分定义是从消费者单方面的角度来认识和谐消费的。而事实上，和谐就是协调，是各方面关系的和顺，若只有单方面的努力，是难以理顺各种关系、实现协调的。

因此，徐铁光在《论和谐消费》（2008）一文中概括：和谐消费是以和谐为特征、以人与社会的全面发展为最终目标，以人与自然、人与社会、人与人以及人与自身的关系为主线的消费理念与消费行为的统一。余秋菊在《消费和谐》（2010）一书中指出，消费和谐涉及消费与经济、消费与社会、消费与自然等多方面关系的协调，只有每对关系理顺了才能实现和谐消费，于是她从辩证认识每对关系的角度来定义和谐消费。和谐消费就是消费与经济发展的相互协调、消费与社会进步的相互协调、消费与自然环境的相互协调，最终实现经济不断发展、社会不断进步、自然生态平衡的消费理想状态或者目标状态。

本书认为，在现代消费社会中，消费对社会发展发挥着日益重要的作用，人们在消费领域所结成的关系也越来越复杂多样。消费不可能是纯粹的，它既然涉及到各个方面关系的协调处理，就必然地关涉到意义维度，必须考虑到社会的价值评判。消费的这种相关性内在地要求消费行为必须以尊重其他各方面主体的自由与权利为前提，必须顾及社会的伦理道德维度，才能自觉抵制不和谐消费的泛滥。遵循和谐社会的本质特征以及消费的和谐理念是正确处理各种关系的价值选择。消费如果缺乏和谐社会构建的实践、和谐理念的牵引和提升，那么消费活动的失序和消费生活的虚无便不可避免。

因此，基于这个分析，本书对和谐消费的界定是，和谐消费是指人类在消费活动中以满足人的全面发展为主题，以和谐社会的本质特征为导向，通过人本、公平、生态、全面均衡的消费实践，达到物质消费、精神消费、生态消费的协调发展，最终实现人与自身、人与他人、人与经济社会、人与自然的和谐统一，最终实现人与社会的全面自由发展。

人们在消费过程中，自觉把握消费的和谐维度，不断完善和超越现有的消费理念和消费方式，把经济社会的进步、生态环境的保护和人的自由发展紧密统一起来，在正确处理各种关系的基础上，实现人和社会的全面自由发展的目的。

2. 和谐消费与相近概念的辨析

和谐消费与消费和谐以及绿色消费、可持续消费有什么异同呢？2007年中国消费者协会首次提出消费和谐的概念，消费和谐指在消费领域中，全社会树立一种消费和谐的理念，经营者、消费者、政府和相关部门要履行应尽的社会责任，共同努力营造一个消费和谐的市场环境，推动扩大内需，促进我国经济又好又快发展，维护社会稳定，促进社会主义和谐社会建设。[1] 而和谐消费与之相比更具有实施性与动态性。消费和谐是理念，和谐消费是形态。消费和谐是和谐消费的目的。和谐消费与可持续消费、绿色消费的异同是：从内容上讲，可持续消费是和谐消费的一部分，它与和谐消费"生态性"的内容基本一致。但是，从评价指标上来说，可持续消费注重对资源利用与环境污染方面的指标构建，而和谐消费注重对消费的均衡度的测评。而绿色消费就是一种可持续消费。

（三）和谐消费的特征

以上和谐消费的概念至少具备几个特征：

1. 和谐性。世界是一个良性互动的、和谐的整体。任何人类的活动都处于这个多元的整体中。和谐不是回避、否定矛盾和对立，而是强调矛盾和对立的合理互动。人在消费过程中不仅要与他人和谐相处，还必须保持与自身、与社会、与自然的和谐。

2. 重视人的主体性。消费活动的最终目的和出发点应当是人的发展，它的全部内容就在于把人类作为发展主体，以人的全面和谐发展为最终目的。消费只有在对人类生存与发展的作用中才能获得其善的价值属性。因此，和谐消费首先要求保障个人作为消费者的基本权利，消费者基本的生存权和最低生活消费得以保障，才能从本质上实现社会发展的基本宗旨，即以人为本的发展理念，否则，和谐消费便无从谈起。其次，如果我们把

---

[1] 中国消费者协会. "消费和谐"：中国消费者协会确定2007年主题［EB/OL］.［2007－03－09］（2009－07－01）http：//finance. people. com. cn/GB/8215/79263/5457262. html.

“形而下”的消费当作终极目的，把人生的全部意义专注于物质消费，就会变成一个精神迷失、内心空虚、道德堕落的精神乞丐。和谐消费应当是物质消费、精神消费以及生态消费的协调发展。和谐消费不仅肯定人具有生理需要，而且还肯定人具有心理、社会、生态等需要。而随着生存问题的解决，人的消费需求会向享受型和发展型过渡，表现为需求总量的增加、需求结构的升级和需求层次的不断提高。这时需要大力发展社会生产力，以满足人们不断增长的物质和精神文化需要。只有这样，人的个性才能充分发展，人的素质才能全面提高，人的全面自由发展才能得以实现。

3. 强调公平性。和谐社会应当是公平的社会，和谐消费也应当是公平消费。公平消费注重的是每个人对于环境资源享用的权利和机会的平等性，它主要包括两方面：代内公平消费和代际公平消费。代内公平消费是指同代人之间在消费权益上的公平性，即每个人的消费行为都不应当损害其他人的消费权益。代际公平消费强调每一代人之间在享用资源环境权利上的平等性，它要求每一代人对于资源环境的消费都不能以损害后代人的消费权利和发展潜力为代价。公平消费要求人类整体的消费水平必须与环境的供给能力相适应。人们在不破坏生态平衡的情况下，达到一定的消费水平，并且保证同代人平等的生存、发展机会和留给后代人足够均等的消费条件。

4. 注重生态性。生态消费是以地球承载能力为限度的“绿色消费”和循环消费，消费的“绿色产品”既能满足人类的需要并且与自然环境和谐一致。消费问题是生态环境危机的核心。生态消费的核心是正确处理人与自然的关系。消费活动离不开自然环境，在处理人与自然的关系问题上，要把人与自然界看作一个统一的整体，做到“天人合一”。消费不仅要尊重人的价值和需要，也要充分肯定自然物生存和发展的权利；不仅要符合人的生存和发展的需要，也要符合生态和环境的伦理，人们的消费方式由奢侈性消费转向生态型消费，由数量型消费转向质量型消费，从而实现人与自然的和谐共处。

（四）和谐消费的层次

以上是从揭示内涵的角度来认识和谐消费的。下面试图来探析和谐消费的外延。马克思、恩格斯曾经把共产主义社会分为社会主义和共产主义两个阶段。这启示我们，和谐消费也是分阶段、分层次的。

马克思在《1857～1858 年经济学手稿》中首次提出了以人的发展状况为基础来阐述人类历史发展的三个阶段：第一个阶段是以人的相互依赖为基础，第二个是阶段以物的依赖性为基础，第三个阶段是实现个人全面发展和个性自由。另外，马克思把生活资料分为生存资料、发展资料和享受资料。马斯洛关于人的需要层次理论把人的需要分为生理需要、安全需要、归属和情感的需要、自尊需要和自我实现需要。综合以上理论，本书认为，和谐消费是有层次的。依据消费活动三要素特别是消费主体的发展状况，和谐消费大致可以分为三个层次：低层次的物质消费、中等层次的精神消费和高层次的生态消费。

人的需要层次性的递进规律决定了，当较低层次的需求得到满足以后，人们就会追求更高层次的需求。消费只有满足了人在不同阶段、不同层次的需求，为人的全面而自由发展提供条件，才是和谐消费的根本旨归。

在低层次的和谐消费阶段，消费主体处于人的相互依赖关系阶段，生活资料以生存资料为主，消费主要是为了满足维持人生存所必需的各种物质需求。物质消费是人存在与发展的基础，为人的全面发展奠定坚实的物质基础。只有具备了健康的饮食、充足的衣着、舒适的生活空间等，才能保证人的生理机能完好、身体状态健康、体力和脑力不断提高，人才能获得自由与解放。物质消费满足了人的最基本需要，在此基础上再升级到其他层次的消费。

中等层次和谐消费的消费主体处于以物的依赖性为基础的阶段。以发展资料为主的生活资料，除了满足人的生理需要和安全需要以外，更多地满足人的科学文化、道德理想、人格尊严等发展需要。和谐消费对人的意义不仅表现为通过物质条件的丰富来增强人的身体功能，使人的生命和健康得到有效保障，更在于通过精神文化产品的消费来充实人的精神世界。高尚的精神消费可以通过塑造人的优良的思想道德品质、树立人的正确的价值观、提高人的科学文化水平、培育人的高尚的艺术修养、铸造完善的人格而实现自己的尊严、价值。

高层次和谐消费的消费主体达到了全面、自由而充分的发展阶段，生活资料以享受资料为主，除了满足物质需要和精神需要以外，主要追求人的自我实现和生态环境的存在发展的统一。完全意义上的和谐消费是最高层次的和谐消费，只有在共产主义社会才能真正实现，因为只有共产主义社会才能为最高层次的和谐消费提供条件。

随着工业和社会的发展，环境污染、生态平衡遭受破坏，严重威胁者人们的生存与发展。尹世杰教授提出，“人们的消费需要，不仅包括物质需要和精神文化需要，还应包括生态需要在内”。[1] 生态消费是指以地球的承载能力为限度，满足人类需要与生态环境平衡相统一的消费。生态消费既承认人的目的与价值，也充分尊重自然环境的存在、发展权利。在满足人的需要的同时善待自然、保护环境，使人与自然和谐共处。生态消费不仅提高了人的消费质量、消费层次，也提高了社会文明程度和反映了社会的全面进步。

总之，消费的层次性表明了，随着人的基本物质消费的满足，人的消费需求会向精神消费、生态消费过渡。我国现在处于社会主义初级阶段。现阶段，我国消费呈现出非常复杂的局面：和谐消费与大量的不和谐消费交织在一起；就和谐消费而言，既有低层次和谐消费的特征，又有中等层次的表现，还有高层次的因素。和谐消费强调物质消费、精神消费和生态消费的协调统一，只有这样，人才能成为占有自己全面本质的完整的人。

---

[1] 尹世杰：消费需要论，长沙：湖南人民出版社，1992：267、269.

因此，和谐消费要求大力发展社会生产力，满足人们不断增长的物质层面的、精神层面的、生态层面的消费需求，实现人的全面发展与社会的全面和谐。

（五）和谐消费的原则

1. 合法性原则

合法性是和谐与否的绝对界线，是底线准则，违反这个原则就表明消费活动在性质上是不和谐的，所以也称它为最低限度的和谐消费原则。其内涵可表述为：凡是以合法的个人（或家庭）收入支配的合法消费行为（活动）在道德上是正当的。其内涵应包括以下的内容。

第一，用于消费的收入是合法的。合法性原则首先表明了财产权明晰下的消费权利的正当性。意思是用于消费的财富，其来源必须能在法律上够获得支持。通俗地说，用于购买消费品或者服务的钱必须是合法的。言下之意，和谐消费的原则反对一切以非法收入和财富进行消费的活动。

第二，所有的消费活动是合法的。在一个现代法治国家，所有的消费活动必须在法律上得到支持，即不违背现有的法律规定。这个要求排除了一系列非法的消费活动，比如赌博、吸毒、色情等消费。

第三，消费要遵循等价交换的市场规则。在现代社会，消费活动几乎都是通过市场交换得以进行的。在法制健全的市场经济国家，商品或服务必须是基于公正、平等的等价交换获得的。

2. 合理性原则

也叫合道德性原则，是更高层的和谐消费原则，指消费活动应该符合一定的社会道德准则或社会利益。包括以下具体要求。

第一，消费应该符合不伤害原则。这是合理性原则的最低限度，它包含两个维度：首先，在同一时空维度内的正义即代内公平问题。前面的论述说明，任何一种消费活动都是一种社会性活动，都是在一定的社会关系中进行的。人们的消费活动不应该损害社会其他人的利益，对他人造成损害。不伤害原则主要包括：一方面消费要在公平交易的基础上进行，要对其他人提供的商品和服务给予相应公平的报酬；另一方面消费行为不能对其他人造成损害。在消费过程中，不能损公肥私、损人利己，只顾满足自己的需求，而侵犯了社会中其他人的利益。

其次，两个不同时空维度间的正义即代际公平问题。当代人的消费不能以牺牲后代人的利益为代价，不能因为自身消费无度损害后代人的消费权益。当“消费主义”成为西方发达国家的主导以后，人们“消费的目的不是为了实际需要的满足，而是不断追求被制造出来、被刺激起来的欲望的满足。换句话说，人们所消费的，不是商品和服务的使用价值，而是它们的符号象征意义。”❶ 显然，这是指典型的非理性消费行为，其无节制的资源消耗、无所顾忌的环境污染必然会损害后代人的消费权益。

第二，消费应该是适度的和均衡的。这条原则包括三个维度。

首先，消费与需求之间的均衡。表现为，一方面是消费与人自身需求之间的适度合理，消费要满足一定程度的需求，克制过多欲望导致的过度消费。另一方面是物质消费与精神消费的均衡，既要满足人的生存、发展的需求，又要防止过度的物质消费导致的内心虚化。

其次，消费与生态之间的均衡。人依赖资源环境而生存，任何消费活动都必须以损耗环境为代价，正如雷蒙·威廉斯（1796）所指出，“消费一词最早的用法是‘摧毁、用光、浪费、耗尽’。”❷ 但是，过度的资源环境消耗反过来会对人类的生存安全造成致命威胁。所以，提倡人的适度消费在相当程度上是为了维护人类自身可持续发展的空间。我们必须要限制自己的消费欲望，将其控制在资源环境可承受的范围之内，使消费与生态环境之间和谐共处。

---

❶ 陈昕：救赎与消费——当代中国日常生活中的消费主义［M］，南京：江苏人民出版社，2003：7.

❷［英］迈克·费瑟斯通，刘精明译：消费文化与后现代主义［M］，南京：译林出版社，2000：30.

最后，消费与经济发展水平之间的均衡。消费是经济运行的一个重要环节，它既是经济运行的目的和结果，又是经济运行的动力和前提。在经济活动中，消费既不能滞后，也不能超前。破坏生产与消费的正常比例，将会加剧生产与消费的矛盾，影响生产发展，影响人的长远利益，滋生不健康的消费心理和消费行为。所以，消费必须适度合理，与一定时期的经济发展水平相适应。

3. 合目的性原则

这个原则的内涵表达了消费的目的是为了人。在消费活动中，是人支配消费，而不是人被消费所支配，如庄子所云："物物，而不物于物。"❶人不为物所累，才能达到自由。合目的性原则包括以下两个内容：第一，消费目的是为了满足人的需要。如马克思所言："消费，作为必需，作为需要，本身就是生产活动的一个内在要素。……个人生产出一个对象并通过消费这个对象返回到自身，然而，他是作为生产的个人和把自己再生产的个人。"❷ 显然，消费是人的再生产的需要，是为了满足人的生存、可持续发展的需要而存在的。

第二，消费的最终目的是"人的全面而自由的发展"，这是和谐消费的最高原则。消费的多样性与人的生活内容的多样性密切关联，人的需求的多层次性也与人的发展的阶段性也是相互对应的。人的消费不能只停留在物质层次上，事实上，当物质消费得到一定的满足后，精神文化消费就会成为人的生活的必需，当人的生存安全的需求得到满足之后，自我实现、自我完善需要就会成为追求目标。这两者都是人类全面而自由发展的前提。消费要符合人的目的性原则，从根本上规定了和谐消费的目的，成为和谐消费原则的总纲领。无论是合法性原则还是合理性原则，如果脱离了"为了人"这个目的，和谐消费将无法真正得以实现，而只有在消费中

---

❶ 杨柳桥：庄子译诂［M］. 上海：上海古籍出版社，1991：378.

❷ 马克思、恩格斯：马克思恩格斯全集（第 46 卷）（上册）［M］. 北京：人民出版社，1979：31.

落实了合法性和合理性原则，才能逐渐实现人的自由而全面发展的目的。

三、对和谐消费的立体审视

当代，随着物质丰裕时代的到来和消费主义价值观的影响，人类陷入了生态危机和欲望消费的危机之中，这无疑是人类社会厄运的来临。所以，建构当代的和谐消费理念和价值坐标已经刻不容缓。和谐消费表达了以和谐社会的价值维度和意义标准来考量当下人们的消费方式和消费行为，通过对消费社会进行哲学的批判和价值的牵引，引导人们确立科学而合理的消费观念和消费方式，建立一种合乎人的自由存在本质的消费模式，最终实现人和社会全面而自由的发展。简言之，消费是否促进人的自由之增长与人的全面发展，是否促进社会的幸福与和谐乃是衡量消费和谐与否的根本尺度，这是确立和谐消费理念的总的概括性标准。从这个标准出发，我们从不同的视角来进一步认识和谐消费。

（一）从消费构成要素的角度来认识和谐消费

任何一个消费活动都包括消费主体、消费客体和消费环境三个基本要素。因此，和谐消费首先要体现主体、客体、环境三者的和谐，消费主体在良好的消费环境中消费安全、健康的商品或劳务来满足自身生存或发展的需要。消费主体的和谐不仅包括主体自身的和谐消费，而且包括主体之间的公平消费。消费客体主要指商品或劳务，可以分为物质消费、精神消费和生态消费三个层面。和谐消费不但要求消费客体安全、健康、高质量，能真正满足主体需要，而且要求消费客体的结构合理。消费环境是制约消费者生存和发展的各种客观因素的总和，它主要包括消费的自然环境和社会环境。任何一种消费都在一定的环境中完成，环境质量是消费质量的一个决定性要素，因此，和谐消费必然要求自然环境和社会环境的优化。消费的社会环境包括消费的教育环境、文化环境、道德环境、法制环境、政策环境、市场环境等。在当今全球化背景下，公正的国际秩序、良好的国际环境也是和谐消费得以实现的保障。

此外，消费活动还牵涉到消费动机、消费内容、消费方式等诸多要素。这些诸多的消费要素折射出人与社会、人与自然、人与人之间诸多的关联。消费并非只是某个消费主体的简单活动，一个人的消费活动不仅关系到个人目标的实现，也关系到其他个体目标和利益的实现，还关系到社会目标和效应。比如就消费动机而言，个体消费与公共消费表现出不同的追求。个体的和谐消费表现在既要满足自己的身心健康需要，还要符合良好的社会风尚，既要有物质的生存型消费，还要有精神文化的享受发展型消费。而公共消费，由于消费的对象通常是社会的公共财富，公共的和谐消费就体现在公共支出必须符合公众的利益，不允许在公共支出中牟取私人利益。就消费内容来说，和谐消费要求消费的对象既要符合法律法规，又要符合人与人、人与自然之间的协调发展。因此，和谐消费必然要追问人们的消费目的和动机、消费的对象和内容、消费的手段和方式等是否符合和谐的价值诉求、是否有利于人之自由本质的发展、是否有利于社会的根本利益。

（二）从消费反映的关系角度认识和谐消费

以上论述了消费反映了人与社会的关系、人与自然的关系、人与自身的关系、人与人的关系等，和谐消费应当是人与自然、人与人、人与社会、人与自身之间的关系和谐，是整体的和谐一致。具体而言，首先就人与自然的关系，和谐消费要求人在满足自己的需要时不能超过生态环境的承载力，消费要有利于环境保护、资源节约。其次，就人与人的关系，和谐消费要求个人的消费要尊重他人的价值和尊严，肯定他人的利益和存在的合法性。任何人的消费都不应危害他人的消费和利益，当代人的消费不应危害后代人的消费与利益。再次，就人与社会的关系，和谐消费要求消费既要满足人的需要又要符合社会的道德。最后，就人与自身的关系，和谐消费要求消费既要满足人的物质需要又要满足精神文化的需要，从而实现人的全面发展。

第二节　和谐消费是构建和谐社会的基础

新中国成立以来，我国人民的消费水平取得了很大提高，但在消费领域仍然存在很多严峻的问题，已经严重影响到经济持续健康发展、社会不断进步、自然生态平衡和人的全面自由发展，构建“两型”社会、实现社会主义和谐社会呼吁和谐消费。党的十六届四中全会第一次明确提出“构建社会主义和谐社会”的概念，第一次论述了构建社会主义和谐社会的相关内容，是构建社会主义和谐社会重大战略思想的起点。构建社会主义和谐社会是一个全新的系统工程，它需要社会诸要素的共同和谐发展才能实现。消费作为社会经济发展的基本要素，和谐消费也必然是构建社会主义和谐社会的一个重要组成部分。和谐消费有利于人与自然、人与社会、人类自身的和谐发展，与当前我国经济发展状况和生活水平相适应，与构建社会之主义和谐社会的目标相适应。

一、和谐消费促进人的全面发展、社会的不断进步

构建社会主义和谐社会的一个重要内容就是要促进人的全面发展。社会主义生产和再生产的目的在于满足人民群众日益增长的物质消费和文化消费的需要。满足消费者的自由全面发展始终是和谐消费的主题。

人是社会中最积极、最能动的因素，社会的进步取决于人的素质的提高。和谐消费意味着消费水平不断提高、消费结构得到优化、消费方式科学合理，每一个消费者都拥有更多的自由选择权和更加美好的生活权利。在经济生活中，每一个人都是消费者，消费者的全面发展就意味着人的全面发展。而人的素质的全面提高就为社会不断进步提供源源不断的智力支持，从而提高社会文明程度，促进社会全面进步。反过来社会健康的文化与和谐的秩序对消费又起着导向和推动作用，有利于提高消费者素质。可

见，和谐消费通过促使消费者发展来促使社会和谐发展，从而促进人的全面发展和社会的不断进步。

如何才能实现人的全面发展？法国著名的经济学家巴斯夏在《和谐经济论》一书中主张社会就是交换，在交换中产生价值，价值就是相互交换的两种商品之间的关系，他从人天生有利已、利他两种特性出发，断言人们通过交换会构成和谐的社会。因此，消费者想要满足消费需求，必须向社会提供一定的商品和劳务，并且提供的商品和劳务越多，其回报越大，其消费能力就越强，消费水平越高。随着社会消费水平的提高，消费结构逐渐地从温饱型过渡到小康型，再到富裕型，消费者的健康、文化、教育等综合素质、综合能力也会随之进一步提高。可见，提倡和谐消费，某种程度上就是提倡消费者向社会提供更多的物质和精神财富，通过交换来促进消费者的全面发展与提高，实现社会发展与消费者发展的和谐，从而促进人的全面发展。

二、和谐消费推动经济持续健康的发展

在社会再生产的过程中，消费既是生产的终点又是起点。生产与消费互相依存、相互影响，生产决定消费，消费又反作用于生产。当前，在我国国民生产总值的构成中，消费对经济增长的贡献率不仅远远低于发达国家消费贡献率80%的水平，也低于其他发展中国家70%的水平。消费和经济增长已经出现了相当程度的不和谐。因此，如何发挥消费对国民经济增长的作用，促进二者关系的和谐，是和谐社会的一个重要方面。

只有经济增长了，构建社会主义和谐社会才有强大的物质基础。在拉动经济增长的“三驾马车”中，消费具有重要的位置。消费对经济增长的作用分为两个方面：第一是直接促进经济增长。作为经济增长的一部分，通过消费环节，产品和服务的价值得以实现，从而增加国民收入；第二是间接拉动经济的增长，消费通过对投资的作用来实现。增加消费意味着需求增加，需求增加促使供给增加，供给的增加要求扩大生产规模和投资，

从而促进经济增长。

然而，一直以来，我国实施的是以投资、出口为主的经济增长方式，制约了消费对经济增长的拉动作用。而且经济快速增长并没有带来就业和收入的增加，这直接影响到国民收入水平和消费水平的提高。我国的消费能力远远低于生产能力，而发达国家的情况刚好相反。并且我国长期提倡高积累、低消费的观念，再加上目前我国正处于消费结构调整改革的过渡期，中等收入阶层的消费能力处于“买上不足，买下有余”的阶段，只能增加积累、扩大储蓄，低收入阶层由于收入水平低，但对未来支出预期较高，增加储蓄主要用于子女教育、购买住房、防病治病、养老等。这些造成了最终消费率始终偏低，限制了消费的增长，使消费水平落后于经济增长水平。

因此，应提倡和谐消费，使消费增长与经济发展协调一致，充分发挥消费对经济增长的拉动作用。改变长期以来我国消费率偏低、消费需求不足的局面，使国民经济的发展由主要依靠投资、出口转变为依靠消费增长。

三、和谐消费有利于自然环境的优化

构建社会主义和谐社会要求实现经济发展与自然环境的和谐。消费是经济活动的一个重要组成部分，所以提倡和谐消费，强调消费活动与自然环境相协调，既可以有效的约束人类破坏自然环境的消费行为，又可以对其他的经济活动形成约束，最终实现经济发展与自然环境的和谐统一，达到可持续发展的要求。

当前，我国陷入了消费“两难困境”。一方面，要保护紧缺的资源和有限的环境，就应当适度降低 GDP 增长率，转变消费和生产方式。另一方面，在拉动经济增长的“三驾马车”中，内需增长将成为我国经济发展的主要动力。在城乡居民消费水平快速提高的同时，如果不重视正确的消费引导，或者由于消费和生产方式转型过快，导致内需下降，使经济增长率下降和失业率上升，都将影响我国经济社会的和谐稳定。

既要满足人们日益增长的物质文化的消费需要，又受制于有限的资源环境压力，我国必须加快构建和谐消费。和谐消费是注重较高生活水平而又不浪费资源的理性消费，它要求人们在不断提高消费水平的同时，要保护生态环境和节约资源。因此和谐消费能够克服资源浪费、环境污染的弊端，使有限的物质资料更好地满足社会的需要，这符合了经济、社会可持续发展的客观要求。

总之，和谐消费是在正确认识和尊重消费与资源环境、经济社会与人类长远发展之间的辩证关系的基础上，改变现有的不和谐消费，通过节约、适度的消费提高资源使用效率，促进人与资源、环境的和谐共生，实现人类自身与经济社会的可持续发展。

第三节　和谐社会视域中的和谐消费的基本理念

在和谐社会构建视野中，消费的基本理念是和谐消费的具体规定，是消费主体在消费过程中处理各种关系的具体指导，包括：人本理念、公平理念、生态理念和全面均衡理念。以人为本的人本理念把人的尊严和价值、人的自由和发展作为消费的出发点和根本目的，要求消费不仅要满足人的基本生存需要，而且要满足人的发展需要。公平理念是关于消费权利和义务的公平合理分配，强调个人在行使自己的消费权利时，不能影响社会和他人的正当权益。生态理念是关于可持续消费和经济社会发展的统一，强调在消费的同时要实现生态自然、社会的可持续生存以及社会经济的可持续发展。全面均衡理念是指从质和量两个方面恰当地、合理地消费，是指消费与经济、社会、自然之间的整体平衡，从而实现人与自身、人与人、人与自然、人与社会之间的均衡发展、和谐共处。以“应该的时间，应该的境况，应该的关系、应该的目的，以应该的方式”进行消费。

一、人本理念：促进人与自身的和谐

根据和谐社会的目的性以及建构全新的和谐消费精神的要求，首先是确立以人为本的消费理念。以人为本就是强调人的尊严、人的价值、人的自由、人的发展是人的根本。以人为本的消费理念，是指通过消费满足人的物质、精神、生态的需求，促使人与自身的和谐，从而实现人的全面自由发展。把人的尊严和价值、人的自由和发展作为消费的根本出发点和目的。评判和谐消费与否的终极价值尺度是能否实现人性的完善和人的全面自由发展。在马克思主义人学视野中，合理的消费是人的生命活动的组成部分，是社会文明的重要标志，是人走向自由境界的物质保障。人是自然性与超自然性的统一，消费不但要满足人类基本的物质需求，而且要满足更高层次的精神需求和生态需求，实现人与自身的和谐，从而实现人的全面而自由发展，“人以一种全面的方式，也就是说，作为一个完整的人，占有自己全面的本质。”❶

1. 和谐消费满足物质的需求，实现人的全面自由发展。人既是感性的存在又是超感性的存在，既有形而下的物欲追求，又有形而上的精神向往。实现人的全面自由发展的目的取决于各方面条件的满足。人的生存与发展是人存在的两个阶段，在不同的存在阶段，消费有着不同的表现和侧重点。只有满足人在不同阶段、不同层次的需求，为人的全面而自由发展提供条件，才是和谐消费人本理念的根本旨归。人作为一个生命体存在，第一需要就是生存。生存需要是源于人体新陈代谢最基础的需要，是消费应优先满足的需要。人的衣食住行等物质需要得到满足，人就会产生一种安全感和幸福感，也只有人具备了生存条件才会考虑其他更高层次的需要。事实充分证明：“当人们还不能使自己的吃喝住穿在质和量方面得到

❶ 马克思、恩格斯：马克思恩格斯全集（第42卷），北京：人民出版社，1979：123.

充分供应的时候，人们就根本不能获得解放。”❶ 只有大力发展社会生产力，提供各种物质条件比如健康的饮食、充足的衣着、舒适的生活空间等，才能保证生理机能完好、身体状态健康、体力和脑力不断提高，人才能获得自由与解放。只有承认物质资料的消费是人存在的基础，才有可能为人的全面发展奠定更坚实的物质基础。

2. 和谐消费满足精神的需求，实现人的全面自由发展。消费对人的发展的意义，不仅表现为通过物质条件的丰富来增强人的身体功能，使人的生命和健康得到有效保障，更在于通过精神文化产品的消费来充实人的精神世界。人之所以为“人”，归根到底是因为人有一种精神需求。当人类的生存困境、温饱问题解决以后，消费的重心就应该由人的生存需求转入发展需求。马克思主义人的全面发展理论指出，人的发展主要不是物质消费的增加，而是精神消费的增加和精神境界的提高，“人也可以通过完美人格的铸造、高尚情操的陶冶而实现自己的价值并获得自己的尊严”。❷ 以上论述说明，实现人的存在价值不是消费的终极目的，如果我们一味地追求“形而下”的消费，把人生的全部意义倾注于世俗消费，就会变成精神迷失、道德堕落、内心空虚的精神乞丐。对此，我们要改变重物质、轻精神的消费倾向，实现物质消费和精神消费的协调，提高物质、精神消费的层次与质量。通过优化消费结构，提高精神享受、发展资料的比重，把人从物质欲望的满足中解放出来。这突出了消费的多样性和人性的丰富性，克服了消费主义中人性的片面化，使得人不再是“单向度的人”。

3. 和谐消费满足生态需求，实现人的全面自由发展。和谐消费不仅肯定人具有生理需要，而且还肯定人具有社会、心理、生态等需要。和谐消费应当是物质消费、精神消费以及生态消费的均衡发展。生态消费是指以地球的承载能力为限度，消费既能满足人类的需要又能与资源环境和谐一

❶ 马克思、恩格斯：马克思恩格斯全集（第42卷），北京：人民出版社，1979：368.

❷ 卢风：享乐与生存，广州：广东教育出版社，2000：112.

致。在对待人与自然的关系问题上，不仅承认人的目的和价值，也充分尊重自然物的存在、发展权利。在注重经济效益和社会效益的同时，善待自然、保护环境。消费既符合人的生存和发展的需要，又符合生态和环境伦理，使人与自然和谐共处，做到“天人合一”。

总之，和谐消费的人本理念首先要求保障个人作为消费者的基本权利，这应该是和谐消费的一项首要原则和保证性原则，否则整个社会的公平与和谐消费便无从谈起。其次，随着生存问题的解决，人的消费需求向发展型和享受型过渡，表现为需求总量的增加、需求层次的不断提高和需求结构的升级。这时人本理念要求大力发展社会生产，满足人们不断增长的物质的、精神的、生态的需要，实现人自身的全面和谐。只有这样，人的个性才能充分完善，人的素质才能全面提高，人的全面自由发展才能得以实现。

二、公平理念：促进人与人的和谐

消费的公平理念体现和谐社会的公平正义的本质特征，是指消费权利和义务的公平合理分配，个人在行使自己的消费权时，不能影响他人和社会的正当权益，他人和社会消费权益的实现也要为个人消费权益的实现创造条件。消费涉及人与自然、人与社会、人与人等各种关系，因此，消费公平理念包括种际公平理念、代内公平理念和代际公平理念。

（一）种际公平理念

人类社会与自然环境相互影响，相互制约，共同处于有机联系的生态体中。种际公平是指人类与动物、植物、微生物等自然物种之间的和谐与公平。种际公平理念的意义在于，人类在消费中公正地对待自然，节约资源，保护环境，使人与自然和谐共处。在人类文明的历史进程中，人与自然的关系经历了三个阶段，即渔猎时代、农业时代和工业时代。从渔猎时代人类崇拜自然、受制于自然，到农业时代改造、开发自然，再到工业时代，支配、控制自然，人类由自然的“奴仆”变为自然的“主人”。到了今天，由于长期以来受人类中心主义的驾驭，把人与自然之间的关系看作是统治与被统治、征服与被征服的关系；同时，一切以发展为中心的意识形态——发展主义使人类狂热于追求经济增长，疯狂掠夺资源、肆意改造自然，给自然造成了空前伤害，造成了全球性的资源耗竭和生存环境的恶化。为了不再步历史的后尘，现有的工业文明必须转向生态文明。生态文明就是要求把人与自然的关系引入人们判断事物的价值观念中，重建生态的世界观、自然观和价值观，以生态的视野来审视社会的发展。❶ 生态危机不仅妨碍了人类从自然界中获取必需的物质资料，而且妨碍了人类与自然之间的物质和能量的循环，这直接危及到人的生存、发展。消费的最终目的是为了人类更好地生存与发展，消费的公平理念要求人类在消费过程中要善待自然、保护自然。只有保护好人类生存、发展的自然根基，人类才能走得更远。

（二）代内公平理念

代内消费公平指在个人、国家、地区之间或者利益集团之间在生存和发展上的平等，个人、国家、地区的消费不能损害和剥夺其他人其他国家、其他地区的权益。因此，代内消费公平还可以分为国际消费公平和国内消费公平。

（1）国际消费公平。由于各种原因，当代社会不同国家、地区人们的消费生活存在巨大的差异，少数人过着奢侈的、浪费的生活，而多数人却还挣扎在贫困线上；发达国家与发展中国家的消费水平也过于悬殊。“南北差距越来越大，占世界人口 1/5 的发达国家，其收入占世界总收入的 60%，个人消费占 85%，这些高收入人群还消费着世界 58% 的能源、

---

❶ 倪瑞华：可持续发展的伦理精神，北京：中国社会科学出版社，2004：2.

45%的鱼肉和84%的纸张。”❶ 美国占世界6%的人口消耗掉占世界1/3的资源，两亿多美国人利用的能量相当于发展中国家200亿人口的使用量。就连美国的学者里夫金也指出：“只要我们美国继续每年消耗掉世界资源的三分之一，第三世界就不能过上稍稍像样的生活。”❷

西方发达国家为了保持现有的生活水平，一方面精心呵护本国的资源环境，另一方面却掠夺不发达国家的资源；一方面控制、消耗着全球的大部分资源，另一方面却千方百计地阻挠发展中国家的发展，把污染密集型产业和危险废物转移到不发达国家，实行生态殖民主义。发达国家的这种扩张性的高消费，正是把自己的享受建立在别国、他人的权益受侵害的痛苦之上，他们是全球资源的最大消耗者和全球污染的最大制造者。据有关资料显示，日本对“最肮脏的产业部门”的国外投资，有2/3～4/5在东南亚地区和拉丁美洲。据联合国环境署、规划署估计，全世界每年产出的危险废弃物高达4亿吨，其中1亿吨在异国处理，发达国家向发展中国家出口的危险废弃物达1000到2000吨。❸ 与此同时，他们还对占世界人口大多数的发展中国家采取双重标准，以保护地球环境为借口，既阻碍发展中国家加快发展科学技术和经济，又指责发展中国家的经济发展造成全球资源的紧张和环境污染。

（2）国内消费公平。代内消费公平理念除了要有国际的视角，还必须放在一个国家内部甚至一个地区来审视。因为在一个国家内部也存在着少数人消费过度、多数人消费不足的不公平现象。2006年11月8日联合国开发计划署发表的《2006年人类发展报告》指出，即使在同一个国家内，贫富差距也是巨大的，收入差距决定了消费差距。比如在波利维亚，占总人数20%的最富裕人口的人类发展指数与波兰一样，占总人数20%的最贫

❶ 陈铭等：“更美的语言，更大的行动”——本报记者感受“地球峰会”，参考消息，2002：8 29.

❷ ［美］里夫金：熵：一种新的世界观，上海：译文出版社，1987：170.

❸ 曾建平：环境正义，济南：山东人民出版社，2008：13～14.

穷人口的人类发展指数只相当于巴基斯坦的水平，而这波兰和巴基斯坦在全球的人类发展指数排名差距达 97 位。就中国来说，收入差距、消费差距也令人震惊：占总人数 20% 的最高收入者与最低收入者，收入差距达到 18 倍左右。而且差距还在向纵深发展，西部的差距已经超过东部、公务员工资的地区差距达到了十几倍、农民内部的差距也较突出。❶ 收入差距和消费差距的扩大，使富裕者消费较多资源，而贫困者却连最基本的温饱问题都难以解决，这必然影响社会的公平与稳定。

因此，消费的代内公平理念要求：第一，任何国家或地区的经济发展与消费水平的提高不能以损害其他国家和地区的利益为代价。在消费过程中，人们要树立“人类是一个整体”的意识，每个人都在同人类整体的相互依存中生存与发展。当今时代，人类共同利益越来越凸显，“地球村”的意义越来越重要，它意味着类主体的形成，单个地区、国家或民族原有的价值尺度失去了其绝对的地位；意味着以地域、种族为基础的历史正在走向终结，全球人类的历史已经开始。❷“每个人获得类本性，每个民族、国家获得世界性，人类才能走出困境，走向未来。”❸ 第二，坚持公平分配原则。消费的代内公平理念要回答是根据什么道德原则来分配有限的地球资源以及承担环境污染的责任。在这里，我们可以借鉴罗尔斯的“作为公平的正义的两个原则”，平等原则和差异原则。公平原则规定各个国家或一国内全体成员享有平等的生存与发展权利，享有平等地使用资源与环境的权利，并且任何国家和任何人的权利都应当与其承担的义务对等。差异原则规定应该按照符合穷人利益的原则，来分配资源和承担环境污染的责任。在世界范围内，因为造成全球环境问题的主要原因是发达国家的大量生产和过度消费，并且，除自身原因外，发展中国家的贫困落后也是发达

---

❶ 李刚：我国收入差距最高达 18 倍，今日信息报，2006：12.9.

❷ 樊锐：地球村：全球化与人类共同利益，北京：人民出版社，2005：159 ~ 162.

❸ 高清海：人的“类生命”与“类哲学”：走向未来的当代哲学精神，长春：吉林人民出版社，1998：265.

国家长期掠夺式发展的结果。因此，发达国家应该更多地承担责任，而让发展中国家来承担与其权益获得和担负能力不相符合的义务是不公平的。同样，在一个国家内部，所有社会成员都享有平等的资源和环境权利，富裕者阶层消耗了更多的资源，要相应承担更多的责任与义务。

（三）代际公平理念

代内公平是从横向的、共时的维度去审视人类的伦理关系，而代际公平则是从纵向的、历时的维度去审视人类伦理关系。消费的代际公平理念要求当代人在创造发展和消费的时候，应该使后代人与自己的发展机会相等，当代人不能一味地追求今世的发展与消费，而自私地剥夺后代人本该享有的同等的发展与消费权利。对于当代人和后代人之间在分配各种资源、享受和传承人类文明成果的问题上，代际公平理念要求“开放给以后代人的全部范围的机会都不应该被限制”。[1]但是在现代工业社会，科技的巨大进步和经济的高速发展是以自然资源的大量消耗和生态环境的恶化为代价的，势必导致后代人占有资源的的缺失。另外由于消费主义和享乐主义的泛滥，过度的欲望消费也造成资源的浪费和社会不公正。

人类的延续和发展是靠每一代人的持续努力来实现的，每一代人的贡献都是社会发展历史进程中不可或缺的环节。因此，每一代人都有平等机会获得生存发展所需的物品，都有平等权利选择多样的自然和文化，享受健康、美好的生活。因此，我们必须建立一种跨越时间的道德体系，它要求人在追求幸福时必须考虑到代际的平等，改变过去那种只求一代人的欲望满足与幸福的道德体系。这种体系要求我们在行动时，必须把我们与尚未成为现实的“我们的后代”作为一个整体，正确对待我们的环境权利和对下一代应承担的义务。正如梅萨罗维克等人指出的：“如果人类要生存下去，就必须发展一种与后代休戚与共的感觉，并准备拿自己的利益去换

[1] Brian Barry, Circumstance of Justice and Future Generations, in Obligations to Future Generations, edited by R. I. Sikora andBrian Barry, Temple University Press, 1978: 243.

取后代的利益。如果每一代都只顾追求自己的最大享受，那么，人类几乎就注定要完蛋。”❶

代际消费公平理念首先要求破除当代人的利己主义。虽然在开发利用资源方面，因为后代人在当代的主体缺位，使当代人处于一种无竞争的绝对主宰地位，但是我们不能否认后代人具有同样的主体地位。当代人在消费时，不能只顾追求自身今世的满足，而剥夺后代人本应该享有的同等机会。当代人有责任和义务保证后代人的利益实现，保持人类的自然延续和发展。其次，倡导代际关怀主义的消费观念。它是指当代人选择消费方式时，要以对后代人的需要、权益的关怀作为基点，强调代际在资源分配上的公平和当代人在环境保护上的义务。它体现当代人对后代的关怀意识和对人类的负责任态度。“我们不是继承了地球，而是借用了子孙的地球”，资源环境不是任何个人和任何一代人所独有的，所以，每一个人和每一代人对地球、对资源环境都有平等的权利和义务。

三、生态理念：促进人与自然的和谐

和谐社会是人与自然和谐共处的社会，然而目前我们的社会面临着生态危机，其核心是消费问题。工业革命以来，生产力的发展和社会盛行的消费主义理念造就了人类高消费、高享受的生活方式。这种不惜毁掉自然家园、荒废精神家园、把人变成纯粹的生产和消费机器，来推动经济增长的消费方式，使消费和生产都不能持续发展。

生态消费的核心是正确处理人与自然的关系，是指满足人类的基本需求、提高生活质量的同时，使用最少量的自然资源和有毒材料、产生最少量的废物和污染物，从而不危及后代需求。

消费的生态理念是指消费的可持续性和发展性，以生态平衡为原则，要求人类的消费水平必须符合环境的供给能力，实现人、社会、自然共生

❶ ［美］梅萨罗维克：人类处于转折点，上海：三联书店出版社，1987 ：143.

共荣、可持续发展。实现消费“可持续性”与“发展性”的双赢是和谐消费生态理念的核心所在。生态消费是一种追求人、社会与资源环境和谐共处、共同进步的消费活动。生态消费具有与传统消费不同的消费观念、消费方式，主要有以下两个特点。

1. 生态消费必须体现“可持续性”。其核心是人在实现自身需要的过程中、在发展社会经济过程中关注人与自然的关系，改变过去肆意掠夺资源、污染环境的消费方式，才有可能实现自然的可持续存在和社会的可持续发展，才有可能最终实现人的可持续全面发展目的。

2. 生态消费必须体现“发展性”。生态消费不是要降低生活水平、生活质量，也不是要求过分节约。它是随着经济和社会发展而发展的消费，是追求真正高品质生活的消费。正如联合国所指出的那样，“贫穷本身是一种邪恶，而可持续发展则是要满足所有人的基本需求，向所有人提供实现美好生活愿望的机会。”❶ 1992 年，《里约环境与发展宣言》进一步指出，人类“应享有以与自然相和谐的方式过健康而富有生产成果的生活的权利”，“使所有的人都享有较高的生活素质”，“要缩短世界上大多数人生活水平上的差距，更好地满足他们的需要”。❷ 生态消费的“发展性”不仅包括物质消费的发展也包括精神消费的发展。由无节制的物质消费到追求物质、精神、生态相统一的全面需求的满足，由追求单纯的数量消费到追求生活质量全面提高，生态消费是人类文明发展的必然要求，是发展经济的根本目的。

3. 生态消费理念在发达国家和发展中国家强调的侧重点要有差别。第一，对于发展中国家来说，更应强调“发展性”。努力地发展经济，通过消费满足应有的生活水平的需求。“以关心环境的名义，使那些人民消费水

---

❶ 世界环境与发展委员会：我们共同的未来，长春：吉林人民出版社，1997：10.

❷ 中国环境报社：迈向 21 世纪——联合国环境与发展大会文献汇编，北京：中国环境科学出版社，1992：29 ~ 30.

平很低的国家的继续增长遭到破坏将是一个悲剧。”[1] 2000 年 8 月在肯尼亚内罗毕召开的联合国环境署第一次清洁生产与可持续消费非洲圆桌会议指出，在发达国家和发展中国家，生态消费有着不同的内容和要求。在发展中国家，首先考虑的是满足每个人的基本需求，对他们来说，“可持续消费意味着更多的消费”。当然，发展中国家在追求消费“发展性”时，同样也需要注意改变方式、方法。不再以大规模的资源消耗和高昂的环境代价来发展经济，避免发达国家曾经犯下的错误。在人与自然的和谐共处中，追求更加美好的生活。

第二，对于发达国家来说，更应强调的是“可持续性”。正是发达国家迅猛的工业发展以及浪费的消费方式，才加速生态危机的到来，而且发达的生产力水平已经能够满足其不断增长的消费需要。因此，生态理念要求发达国家更应该注重和谐消费，“即如何把建立在数量意义基础上的消费方式（‘总是越多越好’）转为建立在质量意义基础上的开明消费（‘量优于数量’）”。[2]“在一个有一定资源和环境极限的世界上，富裕的消费者要利用较少的世界资源，这样，其他消费者才能获得他们有权得到的地球资源财富份额。”[3] 可见，生态理念对于发达国家来更多意味着约束和责任，发达国家不仅要改变消费方式，减少资源消耗和环境污染，在保证自己的消费水平的同时还应该积极帮助发展中国家实现经济的可持续发展，实现当代人和后代子孙生态消费的目标。

四、全面均衡理念：促进整体和谐

要实现和谐消费就要提倡均衡消费，既反对奢侈浪费，也反对过分节俭。消费的均衡理念是指人们以合乎人性的方式、以增进人的自由为目的地恰当地消费，使代际之间和代内之间具有均等的消费机会，人类整体的

---

[1] 北京市科学技术委员会：可持续发展词语译义，北京学苑出版社，1997：128.

[2] 陈滨荣．可持续消费与清洁生产：同一个事情的两个方面，产业与环境，2000（4）.

[3] Erna Witoelar，可持续消费：我们的共同挑战，产业与环境，1996（4）.

消费水平与环境的供给能力相适应，个人、经济、社会能协同发展，从而实现人与自身、人与人、人与自然、人与社会之间的均衡发展、和谐共处。它是指消费与经济、社会、自然之间的整体平衡。

1. 均衡消费是指消费的量的均衡。从微观的个人层面而言，均衡消费既肯定人合理的物质消费，又反对贪得无厌的奢侈性消费和过于节俭的吝啬型消费。虽然满足人的生存和发展的物质需要水平会随着社会的发展不断提高，但它是有限度和标准的，是由当时社会的发展水平所决定的，并且以满足人的生存、发展需要为限度。从宏观的社会层面而言，均衡消费要求人类整体的消费水平必须与环境的供给能力相适应，消费的增长速度不能超过生态潜力的增长，不能破坏生态系统的整体平衡。在代际之间和代内之间，均衡消费要求人们在达到一定的消费水平的情况下，必须充分考虑为后代人、同代其他人留有均等的消费机会，限制自己非基本需要的消费，杜绝奢侈性、炫耀性的消费，以保证后代人、同代其他人的生存和发展条件。

2. 均衡消费也包括质的均衡。分别体现在个体与社会两个层面上。在个体层面上，主要要处理好以下均衡：第一是物质消费、精神消费、生态消费的均衡。必要的物质消费能满足人的基本需求，但唯“物”是从的消费则不利于人的全面发展，适当的精神文化消费和人际交往是人们获得幸福感、实现人的全面发展的重要途径。生态消费是以地球承载能力为限度，提倡“绿色消费”和循环消费，做到物尽其用，减小对资源环境的压力。不仅满足人类的需要，承认人的价值和目的，也要充分尊重自然存在物生存和发展的权利。第二是生存消费与发展消费的均衡。消费的目的不是只满足当前的生存需求，应当考虑到更长远的、更高层次的发展需要。“今朝有酒今朝醉”甚至透支未来的消费是不合理的，应当注意平衡眼前的需求和长远的发展需求，只有精打细算，才能细水长流。

在社会层面上，均衡消费的质的规定主要是指：第一，个人、经济、社会的协同发展。和谐是一种谋求发展的消费理念，不仅有个人的发展，还要促进经济的发展。经济发展是人生存的前提，而发展经济就必然要保持适度的消费。消费滞后将不能容纳经济发展所提供的成果，造成市场疲软，因此削弱经济运行的动力，会导致经济萧条、生产停滞、商品积压，造成资源浪费。消费超前将缺乏收入条件和物质条件的保证，从而导致经济过热、通货膨胀等不良经济现象，最终危及到广大人民的根本利益。“古代国家灭亡的标志不是生产过剩，而是达到骇人听闻和荒诞无稽的程度的消费过度和疯狂的消费。”[1] 因此，为了保证经济的有序发展，消费必须与与一定时期的生产力水平相适应，既不超前，也不滞后，表现为人与经济社会均衡发展的消费。

第二是社会整体的消费均衡。消费均衡不是简单的消费均等，是承认差异的整体均衡。既要实现国家与国家之间的的消费均衡，也要保证一个国家内部的现时的消费均衡，以及现代人与后代人的消费均衡。社会的消费差距被控制在一定的合理范围之内，这个“范围”是历史的、相对的、具体的，它受制于个人需要之外的比如经济发展水平、风俗习惯等社会条件的制约。在一个时代被认为是适度的消费，在另一个时代可能是非人道的禁欲行为或奢侈消费。因此在确定这个“范围”时，不同的国家应该将经济发展水平、社会发展的整体利益等现实国情加以综合考虑，以促进人的消费的和谐。

---

[1] 马克思、恩格斯：马克思恩格斯全集（第46卷）（上），北京：人民出版社，1979：225 ~226.

第三章　现实凸显：消费失谐的严峻现实呼唤和谐消费

和谐消费涉及消费与经济、社会、自然、文化等多方面关系的协调，只有每对关系理顺了才能实现和谐消费，才能达到人与自身、人与他人、人与经济社会、人与自然的和谐统一，最终实现人和社会的全面自由发展。然而现实生活中，消费不和谐的现象很普遍，产生原因各不相同。因此，需要对纷繁复杂的不和谐现象进行归类梳理，以对其有一个全面的了解。下面将按消费与经济的关系、消费与社会的关系、消费与自然的关系、消费与文化的关系这一线索，将我国当前的消费不和谐现象总结为：消费在经济领域的失谐、消费在社会领域的失谐、消费在自然领域的失谐、消费在文化领域的失谐。

第一节　消费在经济领域的失谐

在历经了三十多年波澜壮阔的改革开放之后，我国社会主义事业取得了举世瞩目的伟大成就。全体国民为经济发展和国家富强作出了卓越的贡献，付出了艰辛的努力。同时，人们的收入水平、消费水平得到大幅度提高，消费结构日趋改善。然而，与高速发展的经济相比，我国国民的消费仍然呈现出总量不足、比例失调和不平等不和谐的现状，与和谐消费的目标背道而驰，直接制约了经济的全面发展。

一、消费总量不足

随着国民经济的快速增长，人们的收入也得到大幅度提高，这为消费需求的快速增长奠定了物质基础。改革开放以来，我国居民的收入水平和消费水平都有了明显提高。据资料统计，我国城镇居民人均可支配收入由1978年的343.4元增加到2011年的21810元；农村居民人均纯收入由1978年的133.6元增加到2011年的5221元。城镇居民人均消费支出由1978年的311元上升为2011年的15161元；农民人均消费支出由1978年的116元上升为2011年的5221元。扣除物价上涨因素，两者消费水平的增幅是显著的。[1]

尽管如此，与快速增长的经济水平相比，我国仍然存在居民消费不足、消费率低下并且逐年下降、消费增长缓慢的现状。消费率是指消费在国民收入中的比例，它是衡量一个国家消费总量是否适度的重要指标。长期以来，低消费率与高投资率并存是我国经济增长的现实背景。1978～2007年，我国的年均消费率为60.9%。消费率由1978年的62.1%下降到2007年的48.8%，其中居民消费率由1978年的48.8%下降到了2007年35.5%。值得一提的是，期间我国政府的年均消费率却始终保持在14%左右，在最终消费中的比重还略有上升，这说明了我国行政管理成本一直居高不下，并可能对居民消费产生了排挤效应。

我国居民的消费率也大大低于世界平均水平，甚至明显低于发展中国家的平均水平。据国际货币基金组织和世界银行估计，20世纪90年代以来，世界消费率的平均水平为80%左右。低收入国家的平均消费率为81%，中等收入国家为74%，高收入国家为77%。而据统计，1993年至2003年，我国最终消费率平均只有59.5%。[2]

---

[1] http://tieba.baidu.com/p/1994896863.

[2] 马凯等. 2007中国国民经济和社会发展报告［M］. 北京：中国计划出版社，2007：285.

发达国家的经验表明，消费总量应保持与 GDP 大致相近的增长比率。但我国消费总量年均增长速度却长期低于 GDP 的增长速度。在 1979～2007 年之间，我国 GDP 的年均增长速度达 9.8%，农民人均纯收入年增长 7.1%，城镇居民人均纯收入年增长 7.2%，均相差两个百分点以上。这说明在国家每年新增财富中更多部分用于投资，较少部分用于居民消费。

消费与经济发展的这种失谐既不符合不断满足全体人民日益增长的物质文化需要的根本宗旨，也不符合继续推进经济更快更好地发展的方针政策。众所周知，消费、投资、出口是拉动经济增长的“三驾马车”，然而我国经济发展主要是依靠投资和出口，消费对经济的拉动作用乏力。据瑞士信贷集团 2006 年的报告称，目前占全球总人口 22% 的中国人日常家庭消费仅占全球的 3.8%。消费本应成为拉动中国这样的发展中大国的一驾“大马车”。但目前我国的消费却是一匹跛脚的“瘦马”，疲软乏力。消费对经济发展只起到了有效的出口宣泄作用，投资被迫不顾一切地寻找外部出口，从而形成了高投资—高出口—低消费—高投资的恶性循环。❶ 因此，刺激消费增长、提高消费率、转变经济发展方式应成为今后我国经济发展新的增长点，这也是解决消费与经济失谐的根本途径。

二、消费水平悬殊

在经济的发展过程中，随着人们收入差距的扩大，社会各阶层消费水平的差距也逐渐拉大，造成消费的不公平。一方面是少数人潇洒、体面甚至是挥霍式的消费，另一方面却是大量人口的忍饥挨饿、营养不良、流浪街头，连基本的生存消费都难以为继。消费不公平的根源在于经济发展成果分配的不均衡，它也成为破坏生态平衡和社会稳定的重要因素。其中，城乡居民之间的消费能力差异是主要表现。

城乡居民之间的消费差异主要体现在城乡消费水平上。我国是个农业

❶ 李明贤、文春辉．农村消费不足对我国经济增长的约束分析，消费经济，2006（6）．

大国，农村人口占总人口的60%以上，但我国农民消费水平却远远低于城镇居民。我国消费中存在的内需不足、总量失衡等问题，归根到底是农民的消费需求不足。在消费、投资、出口三大需求中，消费对我国经济增长的贡献比例呈逐年下降趋势。而城镇居民消费对经济增长的贡献比例20年来基本持平。大体上，三个农民只相当于一个城市居民的消费量。因此，导致消费对经济增长的贡献比例下降的主要因素是农民消费需求的大幅度下降，消费是收入的函数。农民消费需求不旺，根本上是因为农民收入增长停滞不前。从1996年开始，尽管国家已经采取多种措施减轻农民负担，增加农民收入，以扩大农村消费，但实际效果并不理想。2004年我国城镇居民人均消费支出为7182.10元，而农村居民人均消费支出仅为2184.65元，前者是后者的3.3倍，消费差距较大表明农民消费水平仍然低下。[1]

就消费结构来看，在农村居民消费中，住房和医疗保健的支出比例大于城镇居民，其他的食品、衣着、交通通信、文教娱乐等消费支出比例小于城镇居民，表明农村居民消费结构还很不完善。

此外，城乡居民在消费环境、公共基础设施、商品及服务的质量等方面也同样存在很大差距。优美的生态环境能使人精神愉快，可近些年农村生态环境破坏严重：土壤盐碱化、土地沙化、水资源匮乏、畜禽的不合理养殖致使传染病蔓延等，都影响着农民的消费质量。我国大部分农村基础设施落后，在城市很普遍的公共物品到农村就变得稀缺。农村的用电、交通和通信等公共物品的供给同样缺乏，这些限制了农村居民的消费需求。长期的二元经济结构使得绝大部分消费品的生产和商业网络集中在城市，而农村不仅商业网点少而且售后服务差。与此同时，农村市场的不规范为假冒伪劣产品提供了滋生的温床，对于收入不高的农村居民，假冒产品无疑在价格上得到青睐。而由于农村信息闭塞，农村居民对商品的质量、品牌、功能等基本情况不了解，加上农村市场监管体系不完善等因素，使许

---

[1] 孟秋菊：和谐消费论，成都：西南交通大学出版社，2010：48.

多产品在农村没有消费市场。这些不仅大大影响了农村居民对消费品的需求，也限制了他们消费质量和生活质量的提高。

导致城乡消费悬殊的根源在于我国城乡二元体制和“城市优于农村发展”的政策。虽然改革开放首先从农村开始，但当前的经济体制中仍残留着传统的计划经济制度和政策。例如，农民有土地的使用权，却远未取得经营自主权；劳动就业体制改革把农民排斥在外，统计失业人口不包括农村人口；谷贱伤农时却没有一个正式官方的行业协会为农民说话，农民在政治天平上缺少足够分量。尽管大量农村富余劳动力转移到城市寻找临时的就业机会，但各种就业政策和制度障碍严重限制了劳动力流动和人口迁移。上述限制使农民在社会结构中客观上被边缘化，占全国人口60%的农民被捆绑在人均很少的土地上，以手工为主的方式进行生产，自己解决生存问题。这必然导致农民收入低下，消费需求严重不足，农民为了求生存导致生态恶化。农民消费需求不足会直接影响总消费需求不足，进而影响生产的发展和经济的增长。农民消费结构落后决定着产业结构的转型，而且农村人口是我国最大的消费群体，农民消费水平的增长会大大加强消费对经济的拉动作用。所以，当务之急是增加农民收入，优化农民消费结构，这是加快经济增长的重要环节。

其次，地区间的消费悬殊也越来越突出。由于地区经济发展的极度不平衡，发达地区与落后地区的消费也极不公平。比如在东部发达地区的中心城市里，越来越多的富人正在仿效西方发达国家的生活方式和消费模式，致使浪费现象严重，造成了很大的资源环境压力和不良的示范效应。与此同时，在偏远的落后地区仍有一部分人生活在赤贫状态中，为了维持生存，他们肆意砍伐、过度放牧，同样造成对生态环境的严重破坏。

三、消费比例失调

消费比例失调是指消费结构不合理，包括消费类型的不合理、消费质量和数量的不合理。改革开放以后，随着经济的快速发展，商品极大丰富、国民收入明显提高，居民的消费水平得到大幅度提高。但同时居民消费结构的不合理也凸显了出来，消费取向不合理，消费结构单一，把数量作为消费水平的标准，忽视消费质量。主要表现为：物质消费比重过大，精神消费虽有一定程度增长，但所占比例仍不是很大而且分布不均；精神消费的形式也过于单一，而且重娱乐消费、轻发展消费，重感官刺激、轻精神超越。消费结构的不合理造成大量的浪费，以食物消费为例，据估计“2004 年中国的餐饮业的营业额占当年 GDP 总额的 7% （7000 亿元），换句话说，中国人花在下馆子上的钱，远远超过全国几亿学生的教育投入。而当年美国的餐饮业收入为 3760 亿美元，仅占美国 GDP 总额的 3% 。”❶大量地食用高脂肪的肉蛋奶食品，过多饮用瓶装、罐装饮料，不仅有害人的健康，而且会造成资源的大量浪费和环境的严重污染。另外，根据 2001 年《中国统计年鉴》表明：“2001 年我国城镇居民平均每人消费支出中，娱乐教育文化服务仅占 13% ，农村居民平均每人总支出中，文化教育娱乐用品及服务仅占 7% 。比之发达国家，差距很大。”❷ 我们常说“科学技术是第一生产力”、“教育是民族振兴的基石”、“再穷不能穷教育，再苦不能苦孩子”，以上数据难道不应该引起我们深刻地反省与思索吗？

第二节　消费在社会领域的失谐

消费是人们在一定的社会关系中借助这种社会关系所进行的，用物品或服务满足自己生产和生活需要的行为和过程。人类的消费是一个总体的范畴，可分为中间的生产消费和最终的非生产消费。❸ 在现实生活中，人们分析消费问题时往往只将个人生活消费归入消费范畴，而将生产消费纳入生产范畴，这是不全面的。首先，生产者也是消费者，因为生产是组合

---

❶ 何小青：消费伦理研究，上海：三联书店出版社 ，2007：129.

❷ 乔法容、朱金瑞：经济伦理学，北京：人民出版社，2004：221.

❸ 齐亚红：消费正义论［D］，北京：首都师范大学出版社，2008：103.

各种要素、资源制成产品的活动，这个活动就是各种生产资料的消费过程。所以，我们不能忽略作为社会主要的生产消费者——企业的消费行为。其次，长期以来，人们关注的是政府在行使社会管理职能过程的不和谐消费行为，而忽略了政府本身就是一个很大的消费者，其作为消费主体的消费行为和其作为社会管理者提供的消费制度、政策等都是和谐消费的重要内容。因此，以下将从不和谐消费的三个责任主体的角度阐述消费与社会的关系失谐的种种现实，以便探究根源、寻求解决之道。

一、居民生活消费的不和谐

我国居民不和谐的生活消费主要表现在非理性消费、非合理消费、非法消费几个方面。

（一）非理性消费

非理性消费是过度消费，主要表现为浪费型消费和奢侈型消费。目前我国已经进入了消费社会，在当前社会的消费结构中，相当一部分人的消费行为表现出非理性的特征。他们消费的目的不是为了满足自己的物质、精神需求和全面、自由发展，而是沉湎于物质欲望之中、片面地追求物质享受。“商品的逻辑和非理性的消费观对消费者实行了完全的控制和操纵，人被商品异化了。”❶ 人们希望通过更多的物质消费来追求“幸福”和找到“快乐”。例如居民在饮食消费方面的浪费惊人，“据上海环卫局废弃物管理处的统计，上海的餐饮业每天生产的垃圾 1100 多吨。由于这是滤去汤汁后的‘干重’，餐饮垃圾的实际重量要超过 2000 吨。西安一位记者估计，陕西十万家餐馆一天平均浪费掉 5000 吨饭菜。”❷ 我们不妨设想一下，如果用这些浪费掉的食物去养活那些缺粮贫困的人，可以养活世界上多少人啊！

---

❶ 范玉吉：论奢侈性消费对构建和谐社会的影响，东岳论丛，2006：7.

❷ 何小青：消费伦理研究，上海：三联书店出版社，2007：127.

又例如，随着经济的发展和人们收入水平的提高，越来越多的家庭购买了小汽车，这就带动了洗车消费。通常洗车的方法是用高压喷枪对汽车上上下下、前后左右猛烈喷水，水资源的浪费十分严重。有人统计，清洗一辆车消耗的水相当于一个人一天的生活用水量。以北京市120万辆车计算的话，一年洗车的水量相当于一个昆明湖。这种洗车消费除了大量浪费水资源外，未经处理的污水直接排入下水道，还污染了江河水源。

有关资料显示，我国每年消费的一次性纸杯、方便面碗、餐盒等约100亿只左右，并且每年以6%的速度增长。一次性用具确实能给人们生活带来便利，然而，这种便利是以巨大的资源浪费和严重的环境污染为代价的。日本人十分清楚这点，尽管是他们发明了“一次性筷子”，但日本从不砍伐自己国家的森林来制作这种便利的商品。至今，日本的森林覆盖率高达65%，而我国森林覆盖率却不到14%，人均占有森林面积不到世界平均水平1/5，却是出口“一次性筷子”的大国。

我国的手机消费同样存在严重的浪费和环境污染现象。2004年的一项调查显示，中国近六成的用户有频繁更换手机的需求，每年大约有8000万部手机被淘汰。半年至一年换手机的用户占了全国手机用户总数的24.4%，城市手机年度更换率为40%。这些被淘汰的手机都被当作普通垃圾埋填或焚烧，这一方面造成了可再利用资源的丢失，另一方面废弃手机所释放出的汞、砷、镍等有毒金属既污染了土壤、水系和空气，还可能引发人的神经系统和免疫系统疾病。

奢侈型消费是炫耀性消费，它是最典型的非理性消费。奢侈型消费是指人们因为不讲究资源的使用效率而出现的无效使用或滥用资源的消费活动。美国经济学家凡勃伦在《有闲阶级论》中最早提出了炫耀性消费这一概念：“通过消费让他人明白了消费者的经济力量、权力和地位，从而使消费者博得荣誉，获得自我满足。”在炫耀性消费过程中，商品用来满足人们需求的物理属性变得淡化了，它成为了消费者地位、财富和生活品味等的代言。它以资源和能源的大量消耗为支撑，致使消费的成本过高。该类型消费既可能发生在企业生产消费领域，也可能出现在个人生活消费领域或政府职能消费领域。这种消费方式的直接后果是引起资源耗竭、环境污染、生态破坏，对地球的生命造成严重威胁。

改革开放三十多年以来，我国经济的迅猛发展催生了一个庞大的富有群体。根据中国品牌战略协会估计，2006 年中国大陆私人财产超过千万元的人数至少有 30 万，奢侈品消费人群已达到全国总人口的 13%。目前中国奢侈品市场价值约 20 亿美元，占全球奢侈品销售总额的 30%。一部分人的消费观念与消费行为也随之从勤俭节约转变成奢侈浪费。商品的功能价值变成了地位、财富、生活方式和生活品位的符号象征。斗富比阔、挥金如土、盲目攀比等奢侈浪费现象随之出现。[1]

让我们来看一些炫耀性消费的事例："据报道，2002 年广东增城有人花 55.5 万元买了一颗荔枝；北京车展上有人用 800 多万元买一辆宾利高级轿车；2004 年中秋，昆明的一款月饼高达 31 万元；福建省 100 克绿雪芽茶拍卖出 7 万元高价，广东的铁观音就以 100 克 12 万元取而代之；北京某酒店有一桌 36.6 万元的'御宴'。此外，更有 24 万元的天价手机、每副 10 万～50 万欧元的眼镜等。"[2] 对于中国奢侈品市场的前景，专家认为，未来十年，中国的奢侈品市场规模将紧随日本，位居世界第二。法国巴黎百富勤的报告则指出，"中国已进入奢侈品消费初期。随着中等收入阶层的崛起，中国的奢侈消费率还会不断上升，预计将从 2002 年的 58% 上升到 2020 年的 71%。"[3] 部分收入不高的年轻人只为攀比和盲目时尚，不惜"高负债、高消费"，导致一些大城市出现了越来越多的百万"负"翁。炫耀性消费的神话被一部分国人演绎得淋漓尽致，这也让一直走在时尚潮流前沿的西方发达国家的人们自叹不如！

---

[1] 宋开元：可持续消费视角下的居民消费方式变革研究，［D］，西安：西安理工大学，2008.

[2] 何小青：消费伦理研究，上海：三联书店出版社，2007：128.

[3] 王丽：中国奢侈消费的伦理思考，财经界，2006（11）.

（二）非合理消费

非合理消费主要表现为迷信愚昧消费、人情陋习消费。迷信愚昧消费是指由于历史传统和社会经济条件的影响，我国仍然存在不同程度的愚昧性和盲目性的消费。由于信仰的普遍缺失，许多人用封建迷信来寄托空虚的心灵和虚无的愿望。如拜法师、请巫婆、求神问卦等迷信活动死灰复燃，大修坟墓、建庙宇等挥霍性的“白色消费”遍地开花。有的人甚至人还活着，坟已修好。在贫困的西北农村地区，人们所看到的最好的建筑既不是工厂也不是学校，而是神庙和殿堂。在许多地区，不少党政干部乘公车上山烧香拜佛以祈求升官发财。据有关资料统计：“我国一年花掉丧葬费达 700 亿元，烧掉花圈高达 13.3 亿元，烧掉纸数十亿吨。”[1] 这些只重视物质消费，忽视精神文化消费的畸形消费必然影响居民消费水平、消费质量的提高。

人情陋习消费主要表现在：一是大操大办宴席。从结婚到葬礼，从乔迁到生小孩、孩子升学，再到评职称、祝寿都可以成为请客收礼的理由和借口，致使宴请风靡。二是送礼风盛行。它致使诸如“黄金月饼”、“天价宴席”等现象屡禁不止，5.2 万元一瓶的茅台酒、15900 元的月饼现身市场。催生天价消费的根本原因是是中国传统守旧的“面子”观念，它为诸多天价商品、豪华服务提供了市场，使得商家趋之若鹜地供应此类商品和服务。这些奢侈的“天价礼品”既增加了人们交往过程中的“人情债”负担，还滋生了一些阴暗的交易活动和腐败现象。

（三）非法消费

非法消费主要表现为嫖娼、吸毒、赌博、捕食野生动物特别是珍稀动物等。从城市到乡镇到农村，各种隐蔽的、半隐蔽的嫖娼卖淫活动依然存在，各种低级淫秽的影碟、色情书刊、网络视频等消费品大量存在，吸毒

---

[1] 何小青：消费伦理研究，上海：三联书店出版社，2007：128.

现象也很严重，有关报告显示，2003 年我国登记在册的吸毒人员已超过 105 万人，其中滥用海洛因人员为 74 万。在现有吸毒人员中，35 岁以下青少年占 72.2%。[1] 毒品危害人体健康，毒化社会风气，扰乱社会治安，许多人因吸毒而走向了犯罪道路。近些年我国盛行赌博之风，赌博不仅浪费了大量的财力、物力、人力，甚至使人铤而走险，走上违法犯罪之路。动植物既是地球生物链不可缺少的重要组成部分，也是人类生存依赖的伙伴。然而，急功近利的人类却为了获取各种动植物的使用价值，以各种方式伤害和毁灭自己的朋友。目前，有 15000 多种野生动植物被人类用作食品、药物或做其他用途，每年野生动植物的贸易额达到数十亿美元。甚至许多物种还没来得及被科学家命名和描述，就已经从地球上消失了。

这些畸型的不健康消费成为当前不容忽视的社会公害。非法的消费不仅催生了干部的腐败，产生了以权谋私的腐败现象，而且严重腐蚀和侵害了人们的的身心健康，尤其是青少年的身心成长，最终败坏了社会风气，影响着人与社会的全面发展。大量砍伐珍稀植物和盲目捕杀野生动物致使大量动植物濒临灭绝，严重破坏了生态平衡。

二、企业生产消费的不和谐

人类对生态环境造成的压力，从本质上说是人们使用或耗费能源和原材料所产生的。企业通过消费资源为社会提供物质财富，满足消费者的需求，此过程伴随着企业对自然资源的夺取和对生态环境的影响。所以，和谐消费的实现不仅需要消费者改变消费方式，也需要企业转变能源和原材料的消费方式。和谐的企业消费不仅要最大限度地减少使用生产资料和有毒材料，为消费者提供安全、质优价廉的商品，而且在生产过程中要避免环境的高度污染，提高资源的使用效率，可持续性地开发利用自然资源，然而现实远非如此。

---

[1] 王智、赵晓强：诸蓄中国增幅为何减缓［N］. 经济日报. 2004. 4. 16.

（一）企业盲目地发展生产，造成资源浪费、环境污染

长期以来企业奉行传统的发展观，把经济发展简单地等同于经济增长，忽视了社会的全面进步；把国内生产总值的增长作为衡量经济社会发展的核心指标，忽视了人文的、资源的、环境的指标；把自然界单纯地看作是人类的索取对象，忽视了自然界的可持续性利用。

现实表明，大部分环境问题比如大气污染、臭氧层耗损、温室效应等都是企业的不良生产消费行为引起的。据国家环保局统计，我国污染物的排放80%以上都来自企业，特别是化工、煤炭、冶金、建材、印染、纺织、造纸等行业。企业像一架架疯狂的机器，为获取最大的利润而肆意地向大自然掠夺资源、排放污染物，破坏着人类赖以生存的生态环境。包装浪费也是当前企业生产浪费的重要特征，虽然我国法规明确规定，除礼品包装外，普通包装物成本不得高于产品的15%，空隙不得大于20%。但由于豪华包装能够吸引消费者的眼球，激发购买欲望，还能满足消费者炫耀的心理。生产消费者仍大肆生产、包装价值大大超过产品本身价值的商品，以追求更多的利润。过度包装不仅增加消费者的经济负担，也增加包装垃圾和垃圾处理的负担，给资源和环境造成巨大的压力。恩格斯在《自然辩证法》中告诫人们："不要过分陶醉于我们对自然界的胜利。对于每一次这样的胜利，自然界都报复了我们。"[1] 资源浪费、环境污染和生态破坏的现象屡见不鲜，我们会为此付出巨大的代价，人们的生活水平和质量不但得不到相应提高，甚至会出现严重的两极分化和社会动荡。

（二）企业提供假冒伪劣的消费品，侵害消费者利益

人的生存和发展离不开一定的物质和精神产品，企业则是这些产品的制造者。企业只注重生产的增长，既忽视了社会的全面进步也忽视了人的全面发展。消费者是企业的"上帝"，是企业利润的根本源泉，诚信公平

[1] 马克思、恩格斯：马克思恩格斯全集（第20卷），北京：人民出版社，1975：519.

地对待消费者、提供高质量的商品服务应成为企业在激烈的市场竞争中获胜的法宝。然而，许多企业往往为了实现利润最大化，与大众传媒合谋，不仅诱惑消费者购买他们并不需要的产品，甚至把有质量问题的假冒伪劣产品提供给消费者，损害了消费者的身心健康，不利于人的健康发展和自我实现。有资料记载，每年我国的假冒伪劣产品的总产值高达2000亿~3000亿元，因假冒伪劣给国家和企业造成的税收和利润损失高达1000亿元以上，给消费者造成的财产乃至生命的损失更是不可估量。[1]

全国累计报告，2008年的毒奶粉事件致使因食用“三聚氰胺问题奶粉”导致泌尿系统出现异常的患儿达29.6万人，另有多名婴儿死亡。每年各地出现的毒酒事件致使数以千计的消费者中毒、致残、致死。每年查获假药案约2万件，标值数亿元，因使用了假药而死亡、病情加剧、延误治疗的人则数不胜数，无以统计。[2] 农药不杀虫、种子不发芽、化肥不促长，致使农作物严重减产甚至颗粒无收。农民为此倾家荡产、欲哭无泪。劣质化妆品使消费者美容不成反毁容的事例屡见不鲜。再如，一些经营文化精神产品的企业为谋取暴利，迎合部分人的低级趣味，大肆制造不健康的书刊、音像产品，给社会带来了精神污染。还有北京的福寿螺事件、上海的瘦肉精中毒事件、河北的红心鸭蛋事件以及地沟油事件等等，类似这样的事例可谓是层出不穷、不胜枚举。

假冒伪劣产品不仅严重损害了消费者的身心健康，侵害了消费者的财产安全，而且扰乱了市场秩序，造成了污浊的消费环境，使消费者战战兢兢，不敢消费，缺乏消费安全感，失去消费信心，从而影响消费需求量。企业这种无视人的尊严和生命的行为，这种仅仅把人当成实现自身利润的手段的行为，严重违背了人类社会最基本的道德原则和价值准则，与人、社会的全面自由发展的目标背道而驰。

---

[1] 齐亚红：消费正义论［D］，北京：首都师范大学，2008.

[2] http：//zhidao. baidu. com/question/360935119. html.

三、政府职能消费的不和谐

政府职能消费是现实生活中的普遍现象，政府部门也是消费生活中的重要主体。政府职能消费可以区分为政府管理消费与公共消费两种。政府管理消费，是指为了满足政府自身存在与活动的需要而进行的消费，这是直接的政府消费。公共消费，是指为了满足政府提供社会福利、救济、补贴、公共设施等公共物品和服务的需要而进行的消费，这是间接的政府消费。间接的政府消费虽然表面上表现为政府的支出，但它不是满足政府自身的消费需要，而是为社会谋福利而列支。

当前我国行政管理成本一直居高不下，政府消费过度仍然普遍存在。除了政府职能的扩大、政府职责活动不断增加的原因，政府在履行职能过程中的浪费和低效率是主要原因。主要表现为行政管理消费过度和公共消费不足。

（一）行政管理消费过度

从 1978 年至 2003 年的 25 年间，中国财政收入增长约 28 倍，而行政管理费用则从不到 50 亿元升至 7000 亿元，增幅达 87 倍。现在，我国的行政管理费占财政总支出的比重已达到 19.03%，中国公务员的职务消费占全国财政总收入的比例达 24%。[1] 同时，社保与就业、医疗卫生、保障性住房、教育、科技、文体与传媒、环境保护支出等民生支出比重不足 38%。而国外行政管理费用支出占财政支出的比重大多低于 10%，如日本是 2.38%、英国是 4.19%、加拿大是 7.1%、美国是 9.9%。我国行政管理消费过度，主要表现在以下几个方面。

1. 职务消费浪费惊人

职务消费是履行职务职能所需的一种消费，是政府各级工作人员因所任职位而享受的相关待遇及费用支出。目前，我国政府职务消费的项目主

---

[1] 人民日报. 2005 年 9 月 2 日.

要包括公务招待、用车、差旅、通信等。一直以来我国的职务消费都是公共财政包揽，缺乏刚性的管理约束，随意性大。很多支出名目公私不分，只要与职务、工作有关联，都可以“公家买单”，造成大量的浪费。所以，不规范的职务消费成为目前和谐消费的一大难题。

第一，公车消费，数目惊人。截至20世纪末，中国约有350万辆公务用车，每年消耗费用约3000亿元，占行政成本的90%，远远超过年度国防开支和年度教育经费与医疗经费之和，而且每年以20%的速度递增，已占政府采购总金额的1/4。[1] 资料表明，社会其他运营车辆每万公里运行成本为8215元，而党政机关则高达数万元，是社会车辆消耗的6~8倍。每年一辆公务车的运行成本（含司机工资、福利）至少在6万元以上，有的甚至超过10万元。[2] 并且，原本姓“公”的公车也成了一些干部、职工谋私的工具，成为滋生腐败的温床。

第二，公款旅游，异地消费。近年来，以学习考察、开会培训为名，用公款出国旅游几乎成为各级政府和公共机构的一种普遍现象。根据2000年《中国统计年鉴》，1999年的国家财政支出中，仅干部公费出国一项消耗的财政费用就达3000亿元，是当年我国军费开支的近3倍。这笔出国旅游的公费基本上可以帮助全国30多个贫困县的5000多万农民步入小康生活，能培养出300万高等教育的人才。据报道，某市委宣传部组织多位局级领导前往雅典考察，为期4天的活动平均每人花费高达17万元。还有许多领导干部，担心不良消费行为被暴露纷纷“转移”到外地、外国进行公款消费活动。异地公款消费不仅浪费了公共资源、国家财富，助长了奢侈、浪费的歪风，而且损害了党政机关在老百姓心中的形象，影响了党群关系、干群关系。

第三，公款吃喝，居高不下。用于公款吃喝的“招待费”是行政职务

---

[1] 人民日报，2005年9月2日。

[2] 李建华、周小毛：腐败论——权利之癌的“病理”解剖. 长沙：中南工业大学出版社，2004.

成本的重要组成部分，也是当前群众反映最强烈的腐败现象之一。这些年关于公款吃喝的费用媒体有很多种说法，有的数据非常吓人。在2012年全国人大和政协两会召开期间，九三学社中央拟的提案列举了一组数据：目前，全国一年公款吃喝的开销已达3000亿元。如此庞大的公款吃喝数额挤占教育、卫生、医疗、社会保障等民生支出，中国人每年吃掉的公款相当于国家投资教育经费的3倍。自1982年以来，公款消费使国有资产平均每天流失1.3亿元人民币。据有关资料显示，目前我国大中型饭店、酒家60%～70%的营业额来自公款消费。据《中国食品报》载文介绍，我国目前有酒厂3万多家，每年酿酒耗粮300亿公斤，一年喝掉的酒能灌满3个杭州西湖。[1] 实际上，包括财政部在内，没有任何机关和个人能够真正统计出我国政府的公款吃喝费用，因为很大部分公共支出根本不以吃喝名目显示。财务管理的混乱导致公款吃喝成了潜规则。近20年来中央下发了数十个旨在遏制公款吃喝的文件，但几十个红头文件“管不住公务员的一张嘴”。毋庸置疑，公款过度消费已经成为我国消费领域的一颗毒瘤，成为腐败滋生的温床。

2. 行政支出效率低下

政府执行管理职能要消耗资源本无可厚非，但有些政府部门为了追求政绩，只注重效果而不计成本，导致行政支出效率低下，造成大量的浪费。过去20多年，我国经济的高增长基本上是靠投资尤其是政府投资拉动的。由于不考虑投入与产出的比率，使投资的损耗巨大。据世界银行估计，“七五”到“九五”期间，中国投资决策失误率在30%左右，资金浪费损失大约在4000亿～5000亿元。华而不实的政绩工程主要体现在以下几个方面。

第一，不切实际的形象工程。有些政府完全不顾及当地的实际情况和老百姓的利益，只想着给自己脸上“贴金”而大搞面子工程。据新华社报

---

[1] 何小青：消费伦理研究，上海：三联书店出版社，2007：127.

道，拥有 15 万人口的某镇搞了个占地 100 多亩的广场。由于镇政府财政紧张，被征土地的农民至今没有得到足额补偿，以致形成一道极不和谐的景观：一边是号称皖西最大的豪华现代广场，一边是种田无地、上班无岗、生活无着落的“无业游民”。阜阳市花了 3 亿多元大兴土木扩建飞机场，建成后的机场却因难以运行而至今荒草连绵。

第二，害人害已的豆腐渣工程。经常有新闻报导，许多由政府兴建的高速公路、桥梁、隧道在投入使用后不久便出现塌陷、开裂等事故，不仅浪费了财力，还造成人员伤亡，社会影响极差。比如云南省投资 3.8 亿元修建的昆禄公路，正式通车才 18 天就出现路基沉陷、路面开裂，导致 40 人死于非命。

第三，劳民伤财的重复建设。近年来，各级政府争相兴建“经济开发区”、“大学城”、“硅谷”、“高科技产业区”等，还有重复进行道路维修，不停地挖了又补、补了又挖。这些重复建设造成了公共产品的闲置和低效率的使用，对人力、土地、财力的浪费是无法衡量的。

（二）公共消费不足

和谐消费不仅注重人们个人消费的满足，同时也强调人们的公共消费的满足。国际经验表明，一个国家的人均 GDP 从 1000 美元向 3000 美元的过渡时期也是该国公共产品需求快速扩张的时期。如今，我国已基本满足老百姓的温饱需求，开始步入对教育、医疗、卫生等公共产品需求的大扩张时期。政府消费的一个很主要的目的在于满足民众的公共产品需求，促进人的全面发展。为此，政府必须增加社会消费基金，扩大公共产品供应，提高公共消费水平。在政府收入一定的条件下，政府用于公共产品生产的消费基金与用于自身的消费基金存在着此消彼长的关系。政府自身消费水平与规模的扩大，同时就意味着公共产品供给数量的减少和质量的降低。

当前，我国政府行政消费的比例过大，公共消费的比例过小。1998 年

3月19日，在九届人大选举中，时任国务院总理朱镕基在记者招待会上指出："本届政府最大的任务是科教兴国，可是现在没有钱，钱都让吃'财政饭'吃光了。"这里的吃"财政饭"就是指政府本身的行政管理消费。[1]然而，公共消费比重的提高是生产社会化高度发展的必然要求。在西方发达国家，公共消费在财政支出中所占的比重均呈普遍提高的趋势，不少国家的这一比重都超过一半以上，德国已经超过60%。我国的公共消费不足主要体现在下列领域。

1. 公共事业不发达

公共事业是指关系到全体社会成员的共同利益和基本生活质量的社会公共事务，它是一个社会赖以存在和发展的必要条件。随着国家经济的日益发展，公共产品的范围也日益扩大，不再拘泥于科、教、文、卫、体等传统公共事业。从国防、治安、政治、法律、行政管理到公路、公共交通、水利设施、城市建设、环保、公共卫生、天气预报，从教育、科学研究到广播、电视，从到防洪抗灾到地震预防等，只要关系到社会成员整体利益的事业都是公共事业。

一个国家的公共事业发达不仅使人们的公共消费的选择更加多元化，提高人们的公共消费水平，而且可以丰富消费生活，优化消费结构，改善消费的社会环境。改革开放以来，我国政府对社会公共事业的财政投入不断增加，公共服务水平和服务质量有了明显提高，较好地满足了人们的公共消费需求。但是，由于我国长期存在城乡二元差距和地区发展差异，加上公共投资体系的不够健全，社会公共消费需求又不断增强等原因，导致"上学难、看病难、出行难"等社会保障问题成为制约人们消费能力的主要因素。这些问题的根本解决需要政府大力发展公共事业，尤其要把广大农村作为发展的重心。只有全社会的公共事业发达了，才能真正提高全体成员的消费水平、改善生活质量，缩小城乡差异、地区差异，实现社会和谐发展。

---

[1] 辛向阳：红墙决策. 北京：中国经济出版社，1998：3.

2. 社会保障落后

社会保障制度是国家对公民在失业、疾病、伤残、生育、年老、死亡、面临生活困难、遭遇灾害时，由政府和社会依法给予物质帮助，以保障公民的基本生活需要的制度。社会保障制度广泛影响着人们的消费，首先，完善的社会保障制度为人们创造了良好的社会条件。它通过保障社会大多数人的社会福利，使病有所医、老有所养、贫有救济、工伤有保险、残疾有安抚、灾害有支援，解除了人们的后顾之忧，预防和化解了各种社会矛盾和冲突，为经济的发展、居民的消费创造一个安稳的社会环境。

其次，完善的社会保障制度调节了社会公平和消费公平。消费的公平与正义的实现取决于在消费者收入分配的公平与正义。可以通过社会保障措施，实现社会成员的收入再分配的公平，缩小社会成员之间的贫富差距，缓和社会矛盾，促进社会公平。可以说，一个国家有什么样的社会保障制度，就会形成什么样的消费模式。比如，从 1978 年到 1991 年，我国城市实施的是以工作单位为中介的社会保障制度，国家和工作单位包揽了城镇居民在医疗、住房、托幼、教育等方面的大量福利补贴，导致了城镇居民的消费模式受工作单位的影响很大。又比如，由于长期受城乡二元结构的影响，我国农村的社会保障水平严重滞后于城镇，农民要自己负担养老、子女就学、住房等支出，减少了其他的消费支出，加重了农民谨慎的消费心理，某些农民甚至会过度节俭。大部分农民习惯通过积累、储蓄来实现自己的消费愿望，普遍认为“寅吃卯粮”式的借贷消费不踏实，形成了我国农村居民保守的节俭型消费。

目前我国社会保障制度还不完善，主要表现在社会保障水平整体较低、城乡发展不均衡、覆盖范围不广泛、社保项目不丰富等等。这使得人们有钱也不敢花，很大部分收入用于住房、养老、疾病、子女教育、失业等预防性储蓄。我国正在深入推进住房、教育、医疗等制度的货币化、市场化改革，改革应该以社会保障制度的完善为前提，从根本上提高人们的收入水平，否则必将阻碍人们整体消费水平的提高。

第三节　消费在自然领域的失谐

消费与自然之间相互影响的关系决定了消费与自然环境的相互协调也是和谐消费的重要内容。目前，我国消费与自然环境不和谐的现象日益严重，一方面，人们不恰当的生产、生活方式破坏了自然环境、影响了生态平衡。另一方面，自然环境的恶化使人们的消费安全、消费质量面临挑战。工业革命以来的经济发展史就是人类掠夺、破坏大自然的历史，经济活动索取资源的速度超过资源的再生速度，同时向环境排放废物的数量超过环境的承受能力。人类的消费活动对资源环境造成巨大的压力，主要体现为自然资源的枯竭、自然环境的污染。

一、不和谐的消费使资源面临枯竭

消费的不断增长迫使人们对自然资源实行过度利用，甚至超过了自然资源更新的速度。近一个世纪以来，全球森林面积的不断减少、土地沙化速度的加快、海洋生物资源数量的减少、土壤退化面积的扩大等，无不与人类对于自然资源的强度利用有着直接关系。主要表现在：

（一）土地资源

中国现在的情况与“地大物博”已相去甚远。目前水土流失、土地沙漠化日趋严重，地表的植被减少是造成水土流失的主要原因。据1990年遥感普查结果，我国水土流失面积为367万平方公里，占国土面积的38.2%。土地沙漠化是由于不合理的开发活动导致植被消失，使原本非沙漠地区出现了风沙活动现象，结果使土地的生产力下降、水源枯竭，耕地面积比新中国成立初期减少了一半。目前，全国土地沙漠化面积已经达到262.2万平方公里，占国土面积的27.3%，是全国耕地面积的两倍多。全国还在以每年水土流失面积1万平方公里、土地沙化2460平方公里的速度

递增，每年造成的经济损失约1700亿元。土地的退化与耕地面积的减少无疑对人类的生存环境构成了极大的破坏。❶

（二）森林资源

我国的森林资源本来就非常稀缺。据统计，全球的森林覆盖率为32%，我国仅为16.55%，人均森林面积不足0.3亩。从生态需求的角度看，我国需要约50亿亩森林，折合森林覆盖率应为35%。而且我国现有森林质量不高、林龄低，再加上森林消耗大于生产，木材使用效率低、浪费严重，森林资源十分紧缺。森林面积的减少不仅导致了森林中大量动植物物种的灭绝，也加剧了水土流失、水灾、旱灾等自然灾害的频繁爆发。据有关部门统计，我国已成为发生各种自然灾害最严重的国家之一，每年均有水、旱、风、雹等灾害频繁出现，而且发生的频率、范围越来越大，受灾损失越来越严重。

（三）生物资源

人类的经济活动导致了生态环境的破坏，消费的增长导致了对生物资源的过度利用，致使物种减少。目前由于生存环境被破坏，导致每年大约有1.75万种生物从地球上消失。更为严重的是，一种植物的消失会影响20～30种动物的生活，一个物种的灭绝会造成3～5个物种的死亡，而目前地球生物物种正以每天50～100种的惊人速度在灭绝和消失。许多专家预测，可能在今后20～30年内，全球大约1/4的物种会处在行将灭绝的危险之中。在我国，犀牛、麋鹿、高鼻羚羊、东北虎等动物和雁荡润楠、喜雨草等植物已经灭绝，大约有398种脊椎动物（占中国脊椎动物总数的7.7%）、4万～5万种高等植物（占高等植物总数的15%）濒临灭绝。❷

物种的大量灭绝会极大地破坏生物的多样性，从长远、宏观的结果来看，将会影响包括人类在内的整个生态系统的稳定性，甚至使之崩溃。

---

❶ 吴俊杰，张红：中国构建和谐社会问题报告［M］，北京：中国发展出版社，2005：365.

❷ 吴俊杰，张红：中国构建和谐社会问题报告［M］，北京：中国发展出版社，2005：366.

（四）矿产资源

我国矿产资源虽然总量丰富，种类齐全，但人均量同样相当贫乏。以铁矿储量为例，总储量为世界第一，但人均量却只有46吨，仅为世界人均量的1/2；同样，锌、铅、锡、钨等20多种主要矿产也都比世界人均量少1/3。❶ 我国矿产资源的无序、无度开发也非常严重。在长期混乱的矿业管理体制下，大量的伴生矿没有得到综合利用，极大地降低了矿产资源的开采效益，再加上改革开放以后"大矿大开，小矿小开，有水快流"的开发政策，乡镇和个体开采单位纷纷介入，出现了乱挖滥采、哄抢矿产资源的状况，造成了对矿产资源的浪费。

二、不和谐的消费使环境遭受污染

自然环境作为消费的外部自然存在形式，本身属于消费的一个重要构成部分。自然环境的好坏直接影响到人们的消费水平和消费结构的优劣，随着现代经济社会的发展，消费活动显现出越来越多的环境问题。

自然环境的污染主要变现为大气污染、垃圾污染和水污染。

（一）大气污染

随着汽车、冰箱、空调等电器消费的普及，人们大量消耗各种矿物能源，对空气造成严重污染。大气污染对人的呼吸系统产生直接影响，一些工业排放的有害有毒气体直接导致人们呼吸系统疾病，甚至引起死亡。据联合国的有关调查表明，全球近10亿人直接受空气污染的毒害，每年大约有300万人死于空气污染。据报载，在空气污染严重的北京，呼吸系统疾病在导致死亡的疾病中占第四位。1949～2003年的50多年间，北京肺病患者增加了150%以上，上海的肺癌发病率与世界其他城市相比，位居首位。❷

---

❶ 吴俊杰，张红：中国构建和谐社会问题报告［M］，北京：中国发展出版社，2005：368.

❷ 耿丽萍：生存与消费［M］，北京：经济管理出版社，2004.

大气污染的另一个突出表现是，大气层中的二氧化碳浓度不断上升，从而引起地球的温室效应，导致气候变暖、海平面上升。据联合国的一份报告称，自1860年以来，全球地面平均气温升高了0.4～0.8摄氏度。自20世纪以来，全球的冰雪覆盖面积减少了大约10%，如果人们对温室气体排放不加控制，未来全球地面气温将以每10年上升0.3摄氏度的速度升温。而且，气温的增高将会使海平面上升，导致大量的岛屿、沿海陆地消失，严重威胁这些地区的人们的生存与经济发展。❶

（二）垃圾污染

人们为了生产更多的消费品而不断扩大生产规模，由此产生了大量的工业垃圾，人们为了追求高质量的生活，消费的商品数量、种类不断增多，致使生产与生活垃圾的数量与日俱增。目前，全球年产垃圾近500亿吨，人均每天产垃圾20多公斤。据中国日报网2002年月29日消息称，“日本可能要被淹没在工业垃圾中”。在我国，随着工业的发展与消费水平的不断上升，城市垃圾正以每年10%的速度增长。目前全国每年产生的生活垃圾总量已经达到1.5亿吨。全国2/3的城市“垃圾围城”现象已经到了不得不解决的地步。❷在未来，我国工业、生活垃圾的数量必将继续与人们的消费水平同步增长。当中国成为经济大国的同时也必将成为垃圾生产大国。未经处理的垃圾随意堆放，污染地表土壤、河水以及地下水，恶化我们生存的环境。如果不及早解决垃圾的产生与处理问题，我们将付出更大的环境代价。

（三）水污染

水污染与人们消费规模的扩大以及各种洗涤化学消费品的大量使用有直接的关系。据联合国的统计，全球40%的河流流量已经被污染，这大大加剧了全球淡水资源的短缺，使淡水资源不足的问题日益严重，恶化了人

---

❶ 耿丽萍：生存与消费［M］，北京：经济管理出版社，2004：56－57.

❷ 耿丽萍：生存与消费［M］，北京：经济管理出版社，2004：58.

们的生存条件。饮用水源受到污染，会直接引起人们的疾病；使用被污染的水源进行灌溉，会使食物受到污染；食用污染水域的鱼虾，会引起人们急性或慢性中毒。人们将有机磷比重过高的生活污水排放进入河流、湖泊、海洋，造成水中一些有害的藻类、水生植物恶性繁殖，从而破坏水域生态系统的平衡。

正是由于过度开发和严重的污染排放，自然生态受到急剧的破坏，沙尘暴、龙卷风、海啸、黄河断流、长江洪水等问题接踵而来，各个都让人措手不及、震惊不已。2008 年春节南方雪灾和 2012 年春、夏的极端天气就是典型的例子。这一系列惊人的数据让我们看到，在经济发展背后，人们因为缺乏社会责任而给环境带来的灾难性后果。

因为环境的承载能力有限，资源的储量有限，为了使自然免于崩溃，保证人类可持续地和谐地消费，人们必须在不超过自然供给的基础上科学开发、可持续地使用自然资源，只有这样人们才具备和谐消费的最基本保障。恩格斯在《自然辩证法》中曾告诫人们："我们统治自然界，决不像征服者统治异族一样，相反地，我们连同我们的肉、血和头脑都是属于自然界，存在于自然界的；我们对自然的整个统治，是在于我们比其他动物强，能够认识和正确运用自然规律。"❶ 人类必须建立一种有利于社会、经济、环境协调发展的消费生活，只有在全人类具备共同的、优良的自然生态环境中，才有可能形成有利于人的自由而全面发展的消费。

第四节　消费在文化领域的失谐

一、西方消费主义的盛行

中国的改革开放是在全球化与后现代消费社会的背景下进行的。在全

❶ 马克思、恩格斯：马克思恩格斯全集（第 20 卷）. 北京：人民出版社，1972：520.

球化的浪潮中，当代西方资产阶级生活方式冲击着人们的思想意识，西方消费主义文化借助商品、媒介等对社会形成越来越大的影响，加上某些西方国家有意识的消费主义文化入侵，对我国消费主义思潮泛起和生活方式的产生起到了助推器的作用。

消费主义是20世纪初产生于美国、之后向全球蔓延的一种社会文化，它代表着一种独特的价值观念和生活方式。随着现代化工业的兴起，资本主义经济迅速发展，当资本主义经济发展到一定程度，生产过剩与人们购买力不足的矛盾无法调和时，就会爆发经济危机，这成为资本主义继续发展的一个主要阻碍。20世纪30年代，全球性的资本主义经济危机使消费不再只是一个经济问题，也成为了一个政治和社会问题。为了使资本主义经济正常运行，资本不断增值，扩大消费成为了经济复苏的主要措施。于是政府、企业、大众传媒共同参与了一场空前的推动消费的联合行动。在这种价值规范行为中，消费甚至被渲染为一种爱国责任。“消费主义和享乐主义作为企业和商业借助广告等促销手段而操纵和宣传的意识形态，成为西方发达国家消费生活中的主流价值和规范。”[1] 消费主义正是在这种历史背景下成为大众追捧的普遍的主流价值观和生活方式。

消费主义是指“人们的一种毫无顾虑、毫无节制地消耗物质财富和自然资源，并把消费看做是人生最高目的的消费观念和价值观念。”[2] 在这种消费理念和价值取向的影响下，消费成为人生追求的目的和第一要义，人们为了消费而生活，为了消费而消费。人们生活的主要内容就是购物和消费，人们沉湎于追求时尚、体面的消费过程之中，并以此作为生活乐趣与准则。消费主义将追求物质消费的最大满足的价值观念合理化，甚至它将消费与成功等同起来，使人们消费时不看重商品的功能价值，而是注重商品的符号价值。法国社会学家鲍德里亚在《消费社会》一书中指出“它煽

---

[1] 王宁：消费社会学，北京：社会科学文献出版社，2001：43.

[2] 倪瑞华：可持续发展的伦理精神，北京：中国社会科学出版社，2004 ：181.

动人们的消费激情，刺激人们的购买欲望，消费主义不在于仅仅满足‘需要’（need），而在于不断追求难以彻底满足的‘欲望’（desire）。换句话说，人们所消费的，不是商品和服务的使用价值，而是它们的符号象征意义。‘消费主义’代表了一种意义的空虚状态以及不断膨胀的欲望和消费激情。”[1] 这就直接地促使了现实生活中浪费型消费、炫耀性消费、一次性消费等问题的出现。

消费主义具备以下几个特征：一是崇尚物质至上，过度追求和消费物质财富，从这个意义上说，它实质是一种拜物教。二是忽视商品的作用和功能，看重商品的符号意义，在非理性的炫耀消费和奢侈消费中显示身份地位。三是人类中心主义，以人类为核心，只关注满足人类的需要，而不顾及这种自我满足给自然界、社会造成的后果。

随着中国的改革开放和全球化进程的加快，消费主义已经形成一种社会趋势，在中国城乡扩散开来，影响着中国人的消费和生活，“我消费，故我在”的价值观开始被很多人接受。消费主义的价值观和生活方式对我国经济社会发展产生了以下负面影响。

第一，加速资源耗竭，加剧环境污染。在消费主义文化的主导下，人被培养成及时行乐、纵情享受、挥霍无度的消费动物。人们为满足自己不断膨胀的消费欲望，当消费的有限性被突破以后，就会趋向于无穷发展，甚至会走向无意义的消费、为消费而消费。这种奉行时尚消费、高档消费、超前消费、过度消费、一次性消费的消费方式与倡导“大量生产—大量消费—大量废弃”的现代生产、生活方式一起，加重了资源危机和生态恶化。虽然中国的资源和能源总量丰富，但人均占有量却非常之少，消费主义的生活、消费方式，加剧了资源短缺和能源紧张。人类为满足一己之需，对全球资源和能源进行了毁灭性的打击，同时也遭到了大自然的疯狂“报复”：海啸、沙尘暴、温室效应、龙卷风、洪涝灾害、地震……地球也

---

[1] 让·波德里亚：消费社会，刘成福、全志刚译，南京：南京大学出版社，2000：48.

在不断的向人类发起“反击”。

第二，冲击社会核心价值。消费主义诱导消费者用“消费的幸福和快乐”构建自我价值体系，在购买和消费的过程中塑造自我。这种在价值观本质上就是一种追求物质享受的个人主义和享乐主义。它把人看成纯消费的动物，将人的社会属性隐藏起来。人被物所掌控，丧失了理想信念、精神家园，违背了消费促进人全面自由发展的根本目的。

无限膨胀的物质需求使人总是处于一种匮乏状态，导致人对自我人格否定，对人生、社会虚幻化，从而引发沮丧和焦虑，于是用消费来填充匮乏导致的焦虑、不安全感，成了许多人的生活常态。当所有的消费方式都无法排解生存的焦灼感和虚幻感时，心理疾病便成了社会的流行病。而且不顾实际承载能力，一味追求品牌消费、高消费、超前消费，结果只会刺激了贪欲，诱发腐败，骄奢淫逸成风，直接侵蚀社会文明。

第三，使消费差距扩大，激化社会矛盾。少数富足的消费主义者过着挥霍无度、一掷千金的消费生活，大部分社会成员却仍在为生存而辛勤劳作、节衣缩食，还有部分人挣扎在贫困线上，消费的差异势必加剧社会的不公平。对此，有学者尖锐指出：“在失衡的社会利益格局中，社会群体间传统生活方式与现代生活方式奇特地并存于混杂：在相当部分人已经拥有大体齐备的家庭耐用消费品，拥有多样的劳务消费，正在为拥有私人汽车、住房而努力的同时，有一部分社会成员却仍致力于摆脱贫穷、追求温饱，期望能过上体面的生活；而与此同时，少部分人却已经拥有豪华轿车、别墅，他们的因特网络、移动电话使用费以及高尔夫球场的消费时间等富裕阔绰的生活指标，已经达到甚至超过发达国家水平。这种状态直接表现了收入差距过大导致的贫富两极分化，部分社会成员的过度发展与数量颇大的低收入群体发展的迟缓乃至停止并存。”[1] 消费主义的生活方式不仅促使贫富差距扩大化，还可能导致诸多的社会问题，会进一步激化社会

---

[1] 王裕国：调整失衡的社会利益格局，推进我国社会现代化进程，消费经济，2007：6.

矛盾，造成社会的不安定。

二、我国传统文化的消极影响

分析消费失谐的原因，不能忽视中国两千多年封建传统的“俭”文化和“面子”文化。

1. 传统“俭”文化。节俭是在长期的生产过程中，人们体会到创造财富的艰辛而产生的一种最朴素的消费伦理。在中华民族的传统道德中，节俭是形成最早、普及最广泛的美德之一，也是影响最深、传播最久远的一种消费观念。从《尚书·大禹谟》中大禹治水的“克勤于邦，克俭于家”到中国共产党人在革命实践中形成的“井冈山精神”、“长征精神”、“延安精神”及后来的“雷锋精神”都以勤俭节约为美德。新民主主义革命时期，在延安美国记者斯诺把共产党人的艰苦朴素作风誉为“兴国之光”和“东方魅力”，认为这是一种伟大的力量，并断言它是胜利之本。因此，节俭是我们的传统伦理思想中一颗璀璨的明珠，是被实践证明了的能定国安邦、富国养民和修身养性的一种美德。新中国成立后的前30年中，人们消费水平不高主要原因是收入低，物质、商品匮乏，也因为节俭传统的影响。人们讲究的是经济实惠，“新三年，旧三年，缝缝补补又三年”是普遍的生活方式。改革开放以后，中国进入了开放的消费时代。虽然我们的经济发展速度很快，人民生活水平有了很大提高，有部分人成为了消费主义者，但是在许多国人的消费中，节约依然占据一定的位置。目前中国面临消费总量不足的经济发展瓶颈，一方面是因为收入水平低，消费乏力，另一方面也是因为节俭储蓄，谨慎消费。

2. 传统“面子”文化。“面子”是中国传统价值观、传统文化和人格特征共同作用的结果，中国人特别注重“面子”。林语堂先生1935年在其作品《吾国吾民》中说，“面子”是“中国人社会交往中最细腻的标准”、“比罗马天主教的教义更永恒，比美国宪法还要权威”。在中国，面子是一个人社会尊严、社会价值的表现，常常反映了个人在社会中拥有的地位、财富、权力以及人际关系等。有学者把面子对个体的意义归结为三个方面：第一，面子反映了个体自尊、荣誉的需要；第二，面子象征个体的社会地位；第三，面子是个体追求理想人格与完善的社会自我的主观要求的反映。[1]

中国人讲究面子、人情，这些几乎成了日常交往的规则，在消费活动中就表现为过于注重地位、身份的“体面”消费以及与其他人相一致的求同消费和人情消费。从古至今，从农村到城市，无论贫富，无论贵贱，都将维系体面、人情关系等视为基本需要。在今天，“礼尚往来”的中国文化传统可谓“发展”到了极致，有了诸多满足面子需求的消费活动：购买高档服装、首饰，使用昂贵的大排量汽车，定制天价年夜饭，还有名目繁多的诸如红白喜事、生日满月、乔迁新居、逢年过节、子女升学、职位变迁等的宴会活动。

在建立和维系人际关系中，请客送礼是主要的载体。大多数中国百姓认为送礼既要为自己带来利益，又要表达出对受礼者的尊重程度，认为礼物越贵越表达尊重。于是在购买礼物时，专挑“高档次”的高价商品，而且往往忽略商品的实用功能却看重包装、寓意，因此往往超出自己的经济能力送礼。从辉煌一时的“豪华月饼”到昂贵的烟酒茶叶尽显了“中国式奢侈”消费。企业更是利用人们的面子心理进行广告宣传。例如，黄金搭档的“送表妹、送表弟”、蓝罐曲奇的“送礼体面过人”。这种面子文化影响下的畸形消费不仅给人们带来沉重的经济和心理负担，也造成了大量的资源浪费、环境污染。

三、消费价值取向的迷失

正是受西方消费主义和落后守旧的传统文化影响，当前我国缺乏为全社会普遍认同并践行的消费道德评判标准和主流消费价值观，即消费价值取向

---

[1] 陈虎强：论面子观念——一种中国人典型社会心理现象的分析，湖南师范大学社会科学学报，1999：1.

迷失。消费价值取向就是指“消费主体在进行消费活动时，对消费对象、消费行为方式等方面的总体认识评价和价值判断，以及由此形成的指导消费行为的思想规范，它影响甚至决定人们的消费行为。”❶ 主要表现在：

其一，消费价值观的多元冲突。改革开放以来，随着我国经济的快速发展以及受国际化的影响，人们的消费观念也出现了多元化倾向。如实用消费观与炫耀消费观的矛盾，过度节俭消费观与奢侈消费观的并存等等。一方面，从传统消费观念中沿袭下来的极度节俭的消费习惯还在影响着一部分人。消费水平应该随着经济水平的发展而相应提高，否则将不利于经济的进一步发展。另一方面，在消费主义的影响之下，很多人片面追求高档奢华的物质享受，超过自身经济实力的攀比消费造成了物质财富和自然资源的极大浪费，同样阻碍了经济的发展。

其二，主流消费价值观的缺失。在纷繁复杂的现代消费生活里，存在各种不同的消费价值观，尚未形成为社会普遍认可、践行的主流消费价值观。现阶段，我们迫切需要构建起全民共识的社会主义的新的消费价值体系，为和谐消费提供价值基础，促进社会的和谐发展。

其三，缺乏统一的消费道德标准。主流消费价值观是建立在社会消费道德的科学评判之上的，依据一定的道德评判标准而被社会认可或否定。目前，多元消费价值观的冲突与并存，也是由于评判标准的不确定性导致的。

今天，在金融危机和经济衰退的巨大阴影之下，如何通过消费价值观念的变革来树立科学合理的消费观念和方式，应该成为消费研究的重要课题。

正是基于这些原因，本书确立了以和谐社会的价值维度和意义标准来考量当下人们的消费行为，对消费社会进行批判和价值牵引，引导人们确立科学而合理的消费观念和消费方式，构建合乎人的自由存在本质的和谐消费，实现人的快乐和社会的幸福。

---

❶ 何小青：消费伦理研究，上海：三联书店出版社，2007：211.

第四章　原因探究：消费失谐的主要根源分析

消费失谐不利于经济的健康发展，不利于生态环境的开发保护，不利于社会的全面进步，其弊端是显而易见的，后果也是触目惊心的，深刻剖析消费失谐产生的原因，有助于我国早日实现和谐消费。

第一节　企业疯狂的牟利经营

在市场经济条件下，企业将经济效益最大化作为自己的终极目标，为了追求利润不择手段地开发自然资源，甚至生产假冒伪劣产品，损害了消费者利益、破坏了生态环境。虽然追求利润最大化是企业“经济人”的本性表现，也是资本运行的逻辑结果。然而“因为自利，当合道德性与合利益性发生冲突时，企业管理者在进行企业相关决策时常常会将道德价值或社会对企业的道德规范从决策考量中抽取掉。”❶ 所以究其主要原因，是企业缺乏自律，规避社会责任造成的。

一、为追求利润最大化，企业逃避对资源环境的责任

企业的“经济人”特征就是谋求利润最大化。英国资产阶级经济学家西尼耳说资本家有节欲的美德，利润是对资本家节欲美德的报酬。对于以

❶ 陆小禾、乔治·恩德勒：发展中国经济伦理，上海：上海社会科学院出版社，2003：168.

利润最大化作为唯一目标的企业来说，“节欲”意味着尽可能地减少成本投入。为了在竞争中取胜，他们精心算计生产经营过程中的每一笔成本，想方设法用最少的投入产出最多的产品，获取最大的利润。马克斯·韦伯在《新教伦理与资本注意精神》提到“当着消费的限制与这种获利活动的自由结合在一起的时候，这样一种不可避免的实际结果也就显而易见了：禁欲主义的节俭必然要导致资本的积累。”❶

企业为了追求利润最大化逃避对资源环境的责任。由于产权不明晰，企业只需付出低廉的成本就可以占有大量的自然资源。大量开发和使用自然资源是他们“节欲”的必然选择，否则就会降低利润，增加成本，从而削弱竞争力。并且，对于生产消费造成的生态破坏和环境污染，生产者无须计入生产成本核算。因为对于只追求经济效益的生产者而言，他们决不会既花金钱又花精力去关注所谓的资源环境保护。如此更加促使了企业毫无顾忌地、疯狂地消耗资源、肆意地破坏环境。企业因规避了环境成本而获利，但这些成本不可能无故地消失。实际上，企业把本该由自己承担的成本通过免费排放社会化了，最后转嫁给了社会大家庭甚至未来的后代人。

二、为追逐利润最大化，企业规避对消费者的社会责任

企业为了追逐利润最大化，以满足消费者需求的名义进行过度的生产或进行损害消费者利益的不规范生产，规避对消费者的社会责任。在现代社会，消费者的消费动机大多不是出于自身的需要，而是来自消费文化的鼓动。“我们庞大而多产的经济要求我们使消费成为我们的生活方式，要求我们把购买和使用货物变成宗教仪式，要求我们从中寻找我们的精神满足和自我满足，我们需要消费东西——用前所未有的速度去烧掉、穿坏、更

❶ 马克斯·韦伯：新教伦理与资本注意精神，北京：生活·读书·新知三联书店，1987：135.

换或扔掉。”[1] 把消费作为人生目的的消费主义已经成为人们追随的生活方式，一个“消费社会”业已形成。在这里，企业找到了生身立命的依据——为消费而生产，人们的消费需求、消费对象和消费方式完全由企业的生产决定，消费者的经济主体权利被剥夺，成了消费活动中的“傀儡”。为了在市场竞争中获胜，企业总是不断地变换花样、推陈出新，为了诱导消费者购买并不需要的新产品，通过各种媒体广告不断创造新的消费时尚，以获得最大的利润。

可见，企业的生产消费活动对消费者、资源生态环境影响是极其巨大的。企业作为最大的生产消费者和生态消费者，在创造巨大财富、发展生产的同时，必须将经济目标与社会目标相协调，使生产消费量的增长与质的保证相统一，自觉承担其对消费者和资源环境的社会责任。

第二节 政府的职能失守

政府既是社会事务的管理者，同时又是消费主体，这种双重角色决定了，在和谐消费实践中政府不仅是整个社会消费观念、消费行为的引导者和消费政策、制度的提供者，还是和谐消费的具体实践者。对来自于政府的原因，我们可以从以下几个方面来分析。

一、行政管理观念落后

首先，政府公职人员行政管理伦理缺失导致腐败。腐败是国家公职人员利用公共权力谋求不正当的个人利益的行为，其实质是利用职务之便“合理、合法”地占用公共资产而满足自己私欲的公款消费行为。腐败的行为主体既有公职人员个人，也有单位、部门或行业等组织。腐败是最大

[1] ［美］艾伦·杜宁：多少算够——消费社会与地球的未来，长春：吉林人民出版社，1997：5.

的浪费，官员的腐败不仅使公共资产“私人化”，而且这种权钱交易的背后是更大的公共资源的浪费。我国因腐败而造成的各类经济损失，在20世纪90年代后半期平均每年在9875亿元~12750亿元，占到GDP的13.2%至16.8%，这个数字比当时政府一年的财政收入还多。[1]

官员腐败，一方面是因为官员缺乏行政管理伦理的约束、自律性差导致的。改革开放既带来经济的发展，也使清正廉洁的行政文化传统受到冲击，部分公务人员认为勤俭节约、艰苦朴素是过时、守旧的思想，把高档次消费、物质享受看成是地位、身份的象征，于是利用公职享用职务消费变得顺理成章。另一方面，按公共选择理论的观点，政府和官员也是理性经济人，获取自身利益最大化是其本能。美国学者戴维·奥斯本在《改革政府》中指出：“官僚和官僚机制感兴趣的是争取更多的经费和更大的权力”。但是，我们仍然可以通过加强行政伦理修养来约束、克制这种损公肥私的本能，使政府及官员利用公共权力和资源创造更大的社会效益。

其次，政府欠缺行政成本观念导致消费过度。在市场经济中，任何主体的行为目标都是以最小的成本获得最大的收益。而政府的非市场活动割裂了行政成本与行政收入的关系，因为维持政府活动的收入具有非价格的来源，即来自税收、捐赠等。成本与收入之间的分离意味着资源配置的错误程度大大增加了。由于政府缺乏降低成本的内在动力和外在压力，使得部分官员和公务人员缺乏节约意识，“花公家钱不心疼”，在职能消费过程中大手大脚，以追求消费规模、消费数量最大化为目标，造成极大浪费。

二、行政监管制度不健全

一是监督机制不健全。在我国，政府机构一直都缺乏对职能消费进行定额限制和管理，使政府消费成为监督工作的“盲区”，公款消费的后果无人问津。由于缺乏有力的制约和监管，一些政府部门的行政办公大楼越

---

[1] 胡鞍钢：中国：挑战腐败，杭州：浙江人民出版社，2001：60~61.

建越豪华，公务汽车越买越高档，不计成本地追求高消费。

二是问责制度缺位。全国政协委员陈守义指出，2005 年 1～11 月，全国查出各类违法违规的问题资金 2900 多亿元，损失浪费的问题金额达 150 多亿元。[1] 为这笔巨款买单的人是一无所知的老百姓。贪污、浪费好似一对双胞兄弟，有“贪污”必然有“浪费”。然而，在我国现行的问责制度下，它们的“待遇”却大相径庭：贪污被揭发一定做犯罪处理，浪费却很少被追究。这种情况助长了政府消费浪费现象的进一步发生。

三是评估制度不健全、评估操作困难。从评估主体上讲，政府行政绩效的好坏应由政府的服务对象或社会中介组织来评价，不能由政府自己来评价，而我国行政绩效的评估一般都是上级机关、上级领导说了算。从中央政府到地方政府，上级对下级的各种巡视、检查、评估等不计其数，不但消耗了大量的人力、物力、财力，而且往往评价的主观随意性大，不符合客观事实，达不到绩效评估的目的。

行政绩效是反映政府生产过程、生产状态的，衡量绩效的一个重要指标是生产成本。由于很难用市场价格反映公共物品的成本，加上行政绩效要考虑眼前的和长远的、有形的和无形的、直接的和间接的等综合因素，这增加了行政绩效评估的困难，容易使人们放松对行政成本的追究，淡化对行政成本的约束。

三、行政决策失误

决策是所有行政行为的指导，决定着行政行为的方向。政府通过制定和实施各种决策来执行职能。政府决策是个十分复杂的过程，种种困难、障碍和约束因素都可能导致政府决策失误。决策失误不但起不到对行政行为的指导作用，反而会带来公共消费的巨大浪费。在我国，政府部门因决策的随意性、缺乏前瞻性和整体规划而导致公共物品使用效率低下和重复

---

[1] 上海证券报，2006 年 3 月 14 日。

建设现象屡见不止。在农村，由于乡镇干部“拍脑瓜式”的随意决策，致使农民今年毁掉果树种烟草、明年再毁掉烟草种果树之类的现象时有发生。反复开挖道路是目前不少城市常见的现象，崭新的马路刚刚修建完工就又被“开膛破肚”，有人形象地把这种公共建设叫做“拉链工程”。造成低水平重复建设的原因主要是路、水、电、网络等多个政府部门缺乏统一规划和协调。

第三节　现代传媒的推波助澜

一定的消费方式反映一定的消费价值观，消费者的消费价值观往往受社会舆论的影响。社会舆论代表了社会多数人的意见，它常常形成公众看待问题的“正常的”价值和行为规范，导致公众心理的趋同倾向，进而引导相应的消费观念、方式。社会舆论是复杂多样的，需要国家进行必要的正确引导，从而形成科学健康的消费风气。

在资讯发达的今天，各种现代媒体已成为传播社会舆论的主要载体，媒体已经担负起引导人们消费的职责。媒体对人们消费的观念、方式、内容、行为进行着全方位的影响。各种各样的媒体通过形式各异的广告，把种类繁多的商品和消费信息传递给消费者。广告成为当今世界最大的无烟产业，我们无时无刻不生活在广告的世界之中。据统计，至2006年底，我国广告经营额达1573亿元，比上年增长156.7亿元，增长率达11.1%。在商品经济条件下，企业为了实现利润最大化，就必须把生产的商品倾销出去，广告则是最有效的载体和手段。[1]

企业纷纷利用现代传媒，进行铺天盖地的广告宣传，不断地制造新的消费时尚，引导着消费新潮流，刺激着人们不断地消费。

---

[1] 齐亚红．消费正义论［D］，首都师范大学，2008.

一、传媒改变人们的消费观念

媒体广告通过创造流行和时尚来改变人们传统的消费观念，诱导人们建立起新的消费观念和消费方式，试图将少数人的“炫耀性消费”、“超前消费”等变成人人皆为之的“大众消费”。媒体广告利用心理学技巧，创造出“消费崇拜”并进行公开广泛的传播，扩大这种崇拜的影响力。为了诱使消费者心甘情愿的投入消费，媒介宣传不断地给人们灌输一种信息，即任何人都有自由选择消费的权利，消费面前人人“平等”，消费实现了“民主”。人们购买了商品、服务，消费了广告宣传的那种美好的、高贵的意象，在消费中获得了“满足感”和“幸福感”。尽管这种所谓民主、幸福是虚假的，但却是是麻木的、空虚的大众所需要的。当经由媒体广泛传播的消费观念和消费方式被受众当做社会主流而在现实生活中模仿和盲从时，人为制造的流行和时尚也就潜移默化地转变为真正的流行和时尚，人们的消费观念也在这种转变中发生了变化。

二、传媒再生产人们的消费欲望

需求有限度，欲望无止境。在媒介的共谋下，人们无意识地不断走向欲望，“现代商品社会不断鼓励甚至强迫人们超越或逾越他们的需要，它不断造成‘人为的’或不必要的需要，或用一种过时的说法：对奢侈的需求，人们被说服要消费多于他们真正需要的东西，这是现代社会大多数——如果不是全部苦难的原因。”❶ 大众传媒通过高科技手段，使广告具有了令人赏心悦目的诱惑力，使消费者陶醉于繁华的物质世界而失去理性的判断能力，成为消费环节上的一环——仅仅是信息的接受者或者说是被媒介挟持的奴役。正如美国著名发展社会学家托夫勒所说：“消费者甚至无暇考虑自己究竟需要什么样的东西，便被变幻万千的广告所淹没。他们

❶ ［芬兰］尤卡·格罗瑙：趣味社会学，南京：南京大学出版社，2002：184.

在不断地被各类宣传广告的刺激和操纵下，产生购买或其他各种感觉及行动。”❶在这种奴役中，人们被诱向消费的王国。世界符号化了，其他一切都消亡了，社会变成了一个被符号控制的纯消费的社会，我们进入了一个符号拜物教的牢笼，正如鲍德里亚所说：“正如中世纪的世界通过上帝和魔鬼来建立平衡一样，我们的社会是通过消费及对其揭示来建立平衡的。中世纪社会还曾围绕着魔鬼组织了一些异端邪说和黑色戏法教派。而丰盛社会中我们自己的戏法是白色的，不可能再有异端邪说。这是一个充斥着预防性白色的饱和了的社会，一个没有眩晕没有历史的社会，一个除了自身之外没有其他神话的社会。”❷

人们的消费欲望不断膨胀正是生产者想要的。人们的购买潜力是有限的，当生产达到一定限度时，供给和需求可能趋于平衡，这种平衡意味着利润不再增长。生产者不愿看到这种情况，就借助大众传媒向大众宣传新的消费观念，改变大众的消费习惯，最终改变大众的消费行为。

三、媒体影响价值观和意识形态

媒体通过宣传将人们关注的焦点引导到它们设定的话题上，形成形式上的主流“舆论强势”。在这种强有力和无处不在的媒体围攻下，受众往往会将这种形式上的主流舆论认知为真正的社会主流舆论并加以接受。从而使受众的独立思考和意见表达形式化和社会化，受众成为被媒体操纵的“无思想者”。媒体传播的意识形态和价值观念在潜移默化之中就成为社会的意识形态和价值观念。当前，西方发达国家控制了主要的媒体业和世界上大多数媒介产品的生产和销售，加上西方资本和企业在经济全球化过程中有很大一部分进入我国市场，在各个角落宣扬着西方消费文化和意识形态。

---

❶ ［美］阿尔文·托夫勒：未来的冲击，北京：新华出版社，1996：22.

❷ 张天勇：广告、媒介：符号拜物教的外在动因［J］，山西师范大学学报，2007：5.

媒体既可以向人们宣传物欲的消费方式，也可以向人们倡导健康、绿色的生活时尚。现代媒体要树立强烈的社会责任感，反思我们的欲望是否合理，我们的消费生活是否有意义。同时，我们也要鼓励舆论监督公款消费、过度消费等不和谐现象，利用媒体关注环境保护、生态发展等社会现实问题。通过媒体引领人们关注合理的消费方式、简静的生活方式，为构建和谐消费营造健康良好的舆论环境。

第四节　亟待完善的制度安排

一切经济活动的发展离不开制度的支持与保障，设置制度是为了达到一定的发展目标。市场经济是消费者主权经济，而消费者主权能否完全实现，却依赖于一系列规章制度和法律法规来对市场秩序进行有效的监管与规范。制度是人们创立的用以约束相互交往的行为框架，是各种社会主体在运行过程中所依据的机构、体制、机制、原则、法律、政策以及各种规范的总和。“制度安排意味着规约人的行为并建立和维持一定的秩序。”❶政府作为制度的提供者和实施者，担负着制定、运行和监督每一项社会制度的重任。和谐消费的最终实现同样需要制度的保障和支持，需要政府的管理和监督。然而，在这方面我国政府还做得非常不完善，这是导致消费失谐的根本原因，主要体现在以下几个方面。

一、制度的缺陷与缺失

1. 相关制度不健全

政府应该制定相应的法律、制度等规范消费，尤其在资源、环境方面更需要有具体的规章制度的约束，但我国在这方面的规章制度还很不健全。如政府投资责任追究制度至今还是空白，针对高耗能、高污染行业和

---

❶ 赵虎吉：论政治制度安排的逻辑起点［J］，教学与研究，2005：7.

产品的市场准入制度存在许多漏洞，关于卫生用水的浪费和商品的过度包装现象至今还只限于一般性的号召等等。由于我国现有制度的缺失，致使不少企业肆意掠夺和无度开发各种自然资源，也使很多政府官员“合法”地消费浪费，而消费者的维权却因为缺乏相关制度而难上加难。由于国家税制不健全，不仅对高收入者没有及时和准确地进行税收调节，而且对一些高档消费品和消费项目也缺少配套的税收改革，一方面居民手持现金急剧增加，而另一方面因投资体制改革滞后，致使部分居民手中的现金不能顺利转化为生产性投资，而过分集中于生活享乐品消费的投资，从而造成消费结构不合理。

2. 已有制度不合理

在现实中，种种不合理的制度也是消费失谐的重要原因。例如在欧洲国家，购买、使用小排量轿车已经成为一种流行，在我国却受到诸多限制，不少地方甚至以其影响城市形象为由限制小排放量汽车的行驶。据了解，目前全国有 60 多个城市出台了限制小排量轿车的地方性政策，例如北京市禁止小排量轿车上长安街和二、三环行驶，上海市禁止排量小于 1.2 升的车上高架路，浙江省富阳市更换出租车时，政府部门要求新车的排量必须在 2.0 以上。这些制度实际上是以行政手段鼓励资源浪费，与和谐消费所要构建的社会目标相去甚远。

3. 相关的法律法规不完善

第一，《消费者权益保护法》不全面或操作性不强，难以贯彻落实。比如关于对消费者加倍赔偿的规定尚不明确；虽然设置了责任追究制度，但是追究成本很高，致使很多消费者自动放弃这个权利；对处理居民消费的多样化，消费者组织的不发达，社会保护乏力等问题都欠缺相应法律规范等等。此外，还需把教育、文化娱乐、物业管理、医疗美容、住房、旅游、汽车、运输、邮政等商品和服务纳入《消费者权益保护法》的保护范围，各级司法机关要设立专门审理机构，方便消费者诉讼，以及开展法律援助，多方支持消费者诉讼。

第二，关于资源节约的法律空缺。目前，我国资源保护的法制化程度还很低，有些领域还存在法律空白。比如，循环经济是一种以资源的高效利用和循环利用为核心，以低消耗、低排放、高效率为基本特征的有效节约资源的经济发展方式。许多发达国家都有关于发展循环经济的相关法律法规，对推动资源的节约起到了重要作用。我国虽已将循环经济列为资源节约的一种重要的途径，但尚无相关立法。

第三，浪费行为还缺乏法律的约束和制裁。如目前在我国，公款吃喝仅仅是一个违纪问题，还没有上升到定罪量刑的程度。虽然宪法第十四条明确规定“国家厉行节约，反对浪费”，但没有具体法律予以细化。由于宪法的规定十分笼统并缺乏操作性，无法用于司法实践。因此，目前反对浪费行为面临无法可依的尴尬局面。事实上，公款吃喝侵占了大量的社会财产，造成了巨大浪费和不良的后果，应当给予定罪立法，才能根本遏制。

二、体制改革的影响

当前消费领域一些不和谐的消费现象与体制改革同有着一定的关系：一是我国处于新旧体制转轨时期，过渡期的不安全感制约着人们的消费。改革开放前，住房、医疗、保险、教育基本上都由国家“包办”，人们对未来比较乐观，感觉不到有什么消费风险。而现在，计划经济体制已经结束，住房、医疗、教育等重要消费领域都在改革的范围。人们的衣食住行不再由国家完全负责，人们对未来普遍存在着忧患意识，所以他们节衣缩食，只储蓄而不敢消费。

二是分配体制改革拉大了消费差距。通过改革，我国建立了以按劳分配为主体，多种收入分配形式并存的收入分配格局。按技术、资本、土地、企业家才能等生产要素分配形式的发展，既形成了多层次的收入分配，也带来城乡之间、地区之间、行业之间和个体之间的收入差距。加上我国长期实行城乡二元经济体制和区域发展不平衡战略，造成了城乡收入和地区收入的巨大差异，进而导致了城乡消费和地区消费的巨大差异。另外，改革中靠投机倒把一夜暴富的一些人挥金如土、炫耀性地消费，也拉大了消费的差距。

建立健全一系列完善的制度、法律体系，创造一个公平公正、安全放心的消费环境，才能保障消费者的合法权益，从而提高人们的消费水平、改善消费结构，完善消费相关制度是发展和实现社会主义和谐消费的重要保障。

第五章　对策选择：和谐消费的主体科学实践

以和谐社会的本质内涵与和谐消费理念引领和谐消费，其生命在于科学实践。本章从消费主体实践的角度展开实现和谐消费的路径探索。推行和谐消费是项系统工程，需要全社会的共同努力才能付诸实现。和谐消费的实现模式是多方协调互动式，其基本概念是：以和谐消费基本理念为理论支撑，以人的自由全面发展为最终目标，建立"企业—消费者—政府"复合互动主体，选择企业、消费者、政府三重实施路径，通过人与自身、人与社会、人与自然的相互作用、互相促进，实现多方利益最大化和资源配置最优化的一种消费模式。具体来说，就是企业、政府、消费者三个消费主体的立体结合，在企业生产消费、政府职能消费及消费者生活消费这三个消费层面同时展开理念、方法、制度三个途径的实践探索，在全社会最终形成和谐消费的局面。所谓理念，就是倡导人本消费、公平消费、生态消费等消费的和谐理念，促使全社会形成正确的和谐消费观念。所谓方法，就是开发节约资源消费和保护环境的生产技术、消费产品，提供和谐消费的基础。所谓制度，就是制定合理的、可行的规则，对滥用资源和破坏环境的行为进行硬约束。

企业是消费资料的主要提供者，生产消费是造成目前生态危机的主要原因。所以企业应该合理开发利用自然资源，保护生态环境，走可持续发展之路，生产应以实现人的全面自由发展为最终目的，走维护消费者权益之路。政府既是消费政策、制度、法规的制定者，也是一个特殊的消费主体，对整个社会的消费具有导向性和示范性，政府应该从管理者和实践者的双重层面规范自身消费活动。消费者应该以消费的正义观为指导，树立责任消费观、走出“消费即幸福”的误区，加大精神消费、选择自我实现的生活方式，提高消费维权和自身素质，做一个有责任的消费者。最后，现代媒体对消费文化和消费价值观的影响深远，传媒的正确引导是实现和谐消费的重要手段。

在消费过程中，通过实践人本消费、公平消费、生态消费、全面均衡消费等理念，实现人的价值、人的尊严和人的发展，促进人的身心和谐、人际和谐、群己和谐、天人和谐，成为全面而自由发展的“和谐人”，实现社会主义和谐社会。

第一节　企业践行和谐消费的战略

实现企业和谐的生产消费，需要从观念意识、生产行为和制度三个层面来努力，不仅需要企业坚持消费的理念，自觉履行社会责任，而且需要政府给予法律和制度的支持。

一、强化生态消费意识

企业是消费品、服务的主要提供者，生产消费是造成目前生态危机的主要原因。生态危机的解决首先有赖于企业，只有企业首先在生产消费过程中采取相应措施，才能在源头上克服这种危机。资源的枯竭和环境的严重污染迫切需要企业反思消费行为，增强生态消费意识，承担责任责任。只有自觉承担生态责任和义务的企业才能受到消费者欢迎，往往能凭借其良好的社会形象创造出不同凡响的经济效益。反之，可能会因此蒙受巨大的经济损失，因为事后进行环境治理的代价往往非常巨大，甚至可能超过因逃避环境治理所获取的利润。因此，无论是重塑自身的存在价值，还是正确处理营利与环境保护的关系，企业都必须在创造社会财富的同时保护生态环境，主动承担生态责任。

我国学者任运河将企业生态责任概括为三方面："企业对自然的生态责任、对市场的生态责任、对公众的生态责任。对自然的生态责任是指企业应当突破传统价值观只强调人类对自然的权力而忽视对自然的义务的缺陷，自觉地保护自然，向自然奉献；对市场的生态责任是指企业要以市场为导向，生产绿色产品，严格遵守环保措施和制度，提供满足市场需求的健康产品，走高效率、低投入、低能耗的产品生产之路；对公众的生态责任是指企业要强调机会、利益均等，维护"代际公平"，不能以牺牲后代人的利益来满足当代人的利益。"❶

企业承担生态责任的过程就是企业树立可持续发展价值观的过程，就是企业不断增强生态意识和生态责任的过程。中国儒家的"天人合一"观点、人与自然和谐发展之理念应该进入企业责任意识中。企业应尊重自然、关心自然、爱护自然，把自然当作朋友而非奴隶。企业的生态责任就是要企业发展循环经济、绿色经济，解决经济增长与资源环境之间的尖锐矛盾，协调好二者关系，促进社会主义和谐社会宏伟目标的实现。

二、走可持续的生产之路

资源环境既是构成人类文明不可缺少的生态因子，又是个体生活和经济活动依赖的外在条件。企业在生产消费过程中要树立对资源环境负责的态度，把生态效益、环保效益放在首位，不与子孙后代抢用日渐稀缺的自然资源，不剥夺子孙后代所应公平拥有的生存、发展权利。

（一）合理开发、有效利用自然资源

人类无限的生存、发展需求与自然资源的稀缺性构成了一对矛盾关系，如何化解这个矛盾是当代社会必须面对和认真处理的问题。从现实角度来看，提高资源的利用效率是解决环境问题的一个重要途径，绝对不能

❶ 向玉乔：经济．生态．道德［M］，长沙：湖南大学出版社，2007：123.

掠夺式地进行毁灭性的开采。否则，不仅是对自然的践踏，更是对人类自身的极端不负责任。

为此，企业要根据公平消费与可持续消费理念的要求，立足于全面、长远的发展角度，把资源的有效利用同环境保护结合起来，在生产过程中充分考虑资源与环境的长期承载能力。在具体实践过程中，首先要发展循环经济，运用循环经济的原则指导企业的生产消费。循环经济要求企业首先通过减少单位产品或服务中的能量物质消耗量，从源头控制资源开发，然后在生产过程中推行能量资源的循环利用，减少污染物排放，最后在产品功能消失、生命周期终结后，重新将产品回到资源形态再循环利用。此外还包括采用物耗少、耗能少的新技术和物资循环利用技术以及改进旧的生产技术与设备，提高资源能源的利用效率。这样企业在取得良好的环境效益和社会效益的同时，还取得可观的经济效益。

比如将回收的废旧家电通过工业程序，用作房屋装修、制造家具、生产家电零部件的原材料。从废旧电视机上拆下来的显像管经粉碎处理后，玻璃重新用于制造显像管；回收牛奶盒等废弃塑料容器将其再资源化，开发出耐用的维克乙烯材料等新产品。

循环经济中“减量化”、“再利用”和“资源化”的“3R”原则是最基本的实际操作原则，也是对生产消费行为的最基本要求。如果企业在生产过程中能自觉遵循这些原则，就基本能实现可持续生产消费的目标。

（二）推行清洁生产、控制环境污染

企业在环境污染中扮演了主要角色，同样要肩负起消除环境污染、保护环境的主要责任。企业在生产消费过程中，要设法改变产品的工艺流程，提高技术含量，降低污染指数。再结合环境评估系统计算出环境污染的成本，解决企业成本的外溢问题，推动生产的可持续发展。1989 年联合国环境规划署最早提出“清洁生产”概念。从消费的角度看，清洁生产是体现循环经济“3R”原则的可持续性的最佳生产方式，具体表现在生产消

费时注重生产要素投入的减量化、使用的再利用、废弃物的资源化。

清洁生产的实质是一种消耗最少物质和能源的生产管理规划，目的是将废物减量化、资源化和无害化或消灭在生产过程中。它要求企业首先在设计产品时要注意其可回收性和使用寿命。然后在生产过程中提高资源的利用率并且用无污染、少污染的原材料和能源替代污染重、毒性大的原材料和能源；用先进设备、工艺提高产品的科技含量和档次，改变用陈旧设备、落后工艺生产“粗老笨重”传统产品的状况。促进产品升级换代，减少消耗和排放。最后是最大限度地利用能源和原材料和减少废弃物排放，设计能源、物料的闭路循环利用系统，减少流失，加大“三废”综合利用，对于必须排放的污染物，采用低费用、高效能的净化处理设备。

企业实行清洁生产有利于提高企业的整体素质、提高企业经济效益、改善劳动环境、提高产品竞争能力。目前，国际社会把清洁生产视为既可以满足人们的需要又可以合理使用资源、保护环境的先进的生产方式。

三、走维护消费者权益之路

消费者的权益与企业的利益是内在统一的，企业为消费者提供产品和服务的过程，实际上也是获得消费者认可、提升自身价值的过程。企业为消费者提供高质量的产品和服务，消费者必将回馈给企业更加广阔的市场空间，企业将因此获得到更高的利益。反之，如果企业只顾眼前利益，公然损害消费者的合法权益，长此以往就会失去消费者的信任，这样的企业也无前途可言。

（一）为消费者提供质量安全的绿色产品

温家宝同志在 2007 年的全国质量工作会议上指出，产品质量关系人民群众的切身利益，关系企业的生存和发展，关系国家形象。消费的正义观要求企业必须向消费者提供高质量的、没有任何安全隐患的产品，满足消费者身心健康发展的消费需求。产品安全意味着消费者“免受伤害或危险”或“保证安全免受危害或损失”，将其放在哲学的情境中加以评述，安全性乃是最基本的价值追求，因为安全意味着不伤害，而不伤害是道德的主导观念及应用伦理学最核心的价值原则。[1] 企业保证其产品的安全，意味着不会伤害消费者。如果企业向消费者提供有安全隐患的产品，不仅消费者的消费需求得不到满足，而且可能付出人身伤害和财产损失的巨大代价，这不仅违背了基本的社会价值原则，更为社会法律所禁止。企业只有满足消费者的需求才能创造利润，才能满足自身生存和发展的需要。因此，提供安全的绿色产品、满足消费者的需要、维护消费者的权益是企业所有活动的出发点和归宿。

绿色产品是一种无污染或低污染的产品，在其生产和消费过程中基本上不会引起新的污染。当今世界许多国家都非常重视绿色产品的生产和消费。我国的绿色产品最先在食品行业出现，但目前我国绿色产品的生产与世界发达国家相比，无论是在范围上还是在数量上的差距都很明显。企业生产绿色产品就必须注重绿色设计，因为设计是生产的指导，生产是设计的实现。只有在设计上环保，才可能生产出环保的产品，才可能从源头上实现可持续生产消费的目的。

绿色设计以环境为核心，强调在产品设计中要合理体现资源的开发利用和人们的消费目的。经过绿色设计，完全可以制造出更安全、更具生态效益的产品和服务。绿色设计不仅关注生产中较少的资源利用和较强的环境保护，实现企业生产可持续消费，而且把消费者的健康、安全消费需求也考虑在内，实现居民生活可持续消费。例如无氟冰箱的成功设计避免了传统氟利昂制冷剂破坏臭氧层，保护了生态环境，也保护了人类健康。绿色设计不仅能改善人们的生存环境，还能给商家带来可观的经济利润。当前，企业越来越认识到对环境负责、对消费者负责，就可以拥有更多消费者。

---

[1] 甘绍平：应用伦理学前沿问题研究，南昌：江西人民出版社，2002：20.

（二）为消费者提供全面的、准确的产品信息

在现实的消费活动中，某些企业在宣传中过分夸大产品的功效，极力隐瞒产品的不足，或者产品的说明书、标签与实际严重不符，造成了严重的交易不公正，侵犯了消费者的权益，这是企业对消费者严重不负责任的表现。

按照相关法律，消费者除了享有质量安全权，还享有知情权和自由选择权。知情权是指消费者有权了解关于产品质量、特点、性能、使用以及注意事项等信息。选择权是在知情权的基础上，消费者比较、自由购买产品或服务的权利，知情权和选择权体现了在消费活动中消费者所具有的平等、自由的权利。

任何消费者有权通过产品的说明书、宣传资料、广告等对产品的性能、质量、价格等方面的信息进行全面的了解，以便在琳琅满目的商品中挑选到最满意的。为了尊重与维护消费者的知情权和自由选择权，企业通过广告宣传、产品说明等向消费者提供全面的、准确的产品信息。准确的信息要求提供信息是真实的、明确的，避免夸张和暗示，全面的信息要求提供足够多的、全方位的信息，让消费者在选择商品时能够做出最优选择。

四、建立企业责任约束机制

企图依靠企业的自律来强化其社会责任几乎不可能。需要政府建立健全责任机制来约束企业，使其承担应尽的责任。企业责任的约束机制可以从硬约束和软约束两方面着手，一方面表现为社会政治、法律、政策对企业的要求，主要是深化体制改革，建立健全政策和法律。另一方面，则需要发挥道德舆论的规范作用、媒体舆论的引导作用和社会组织、社会公众的监督作用。

（一）国家建立利益机制，扶持生态产业

当经济增长达到一定阶段时，对资源环境的使用必然达到极限，这种

极限必然要求人类大力发展高附加价值、少污染的生态产业。生态产业尊重环境、保护资源的本质与和谐消费的内在要求是一致的，生态产业是适应和谐消费的新型产业，和谐消费需要以生态产业为支撑，只有大力发展生态产业才能满足人们对绿色产品的急剧需求。

随着社会的发展，越来越多的消费者开始把环保意识融入他们的消费理念之中，他们在消费时不仅会关注商品的价格，还会关心饭桌上的鸡鸭是否是在大自然放养的、包装袋是否是由漂白的纸浆制造的、购买的商品能否被回收利用等，在市场上，人们更喜欢选择那些贴有绿色标志的商品。消费者是市场竞争的最终裁判者。无疑，生态产业将成为未来经济发展的主要潮流。

我国的生态产业起步较晚，发展较缓慢。我们要想在国际市场占据有利地位，要想保持经济持续稳定的发展，必须发展生态产业。从原材料选择、产品设计到生产、包装以及使用后的产品回收，在所有环节上都要考虑环境保护因素，才能争取更多的消费者。除此之外，需要政府建立健全合理的利益机制，大力扶持生态产业的发展。

经济学家认为，生态危机源自人们都按个人的利益预期做出决定，企业生产所带来的负外部效应即环境成本是由公众来承担的。要从根本上解决这个问题，实现经济、环境利益的长期协调，必须将“亏本”的环境保护转变成在国民经济和企业经济上“赢利”的环境保护，必须由市场决定要素成本与价格。这最终取决于经济制度改革，具体来说，必须抓好以下两个环节：首先，政府要将自然资本核算引进国民经济体系。目前，世界范围内正在悄然兴起一场新的工业革命，其核心就是估算自然资本的价值并把自然资本纳入经济体系，实施可持续的生产与消费，强调经济与环保的双赢。

其次，国家政策大力扶持绿色产业，使其在国民经济和企业经济上由亏本产业转变为赢利的产业。在绿色产业发展的前几年里，环境保护完全是以一种令企业不快的成本要素的形象出现的。事实上，实行环境保护与经济并不抵触，环境保护不仅能“生产”生活质量，而且还构成一个新产业，为企业带来更大的经济效益和更广阔的市场。随着我国经济社会的发展，消费者和谐消费意识的加强以及国家的相关政策的出台，必将带动生态产品的生产，促进生态产业的繁荣。

（二）企业社会责任的法制化

我国要加强对企业的生态、经济、社会责任的法制建设，填补相关的法律空白，完善法律法规，加大执法力度，强化法律的操作性。根据当前的国情，企业责任立法应大致体现出：完善保护生态环境的责任法律规定，以维持企业利益与社会整体利益的平衡；完善相关立法，正确处理企业道德与企业生产经营之间关系，以维持企业利润与公众利益的平衡；制订促进社会各方面的协调合作的有关法律规定。另外，要健全消费者赔偿制度，加强室内装潢、整容美体等服务行业的相关立法力度等。

对于企业造成的环境资源问题，要根据我国的具体情况制定企业社会责任的标准体系，尤其迫在眉睫的是要建立资源和环境成本价格体系。价格是引导消费的调节器，但是我国目前的价格体系没有很好地反映各种资源的真实价值。要改革“产品高价、原材料低价、资源环境无价”的不合理价格体系，使之转变为企业的资源成本内在化的可持续价格体系。要将各种资源直接投入市场，依靠市场供求机制和价值规律来调节价格，使价格能充分反映资源的真实价值。这样才能促使企业合理地生产消费，为建设资源节约型和环境友好型社会奠定基础。

（三）完善道德体系，加强社会监督

首先，从我国国情出发，建立和完善适应社会主义市场经济体制的道德体系。为企业的发展创立共同的道德理念，使企业有德可依、以德治企，形成守德者昌、违德者亡的道德氛围，使企业依据共同的道德标准规范自己的行为，自觉履行社会责任。

其次，加强对企业承担社会责任的社会监督。充分发挥新闻舆论、民

间组织、国际组织的作用，形成多层次、多渠道的监督体系，以完善社会监督环境。充分发挥新闻媒介作用，用社会舆论约束企业履行社会责任。社会舆论通过赞誉或谴责，迫使企业接受来自社会的善恶裁决，从而坚持或改变当前道德行为的方向。加强工会、消费者协会、行业协会等民间非政府组织的力量，使其产生巨大的合力，让全社会都来关注、监督企业社会责任，加快企业和谐消费的实现。

第二节　消费者践行和谐消费的路径

消费者实践和谐消费不仅是消费者实现自身全面自由发展的保障，而且是构建和谐社会的基础，是推动整个社会和谐消费的核心力量。对此，消费者应从以下几个方面努力。

一、树立消费的责任观

（一）消费不等于幸福

消费作为人类生存、发展的的基本方式，是人类幸福的基础。社会发展的目标之一就是要满足人们的消费需求，提高人们的消费水平。虽然消费是人类体验幸福的一个重要途径，但消费绝不是幸福的全部，幸福也不只是一个消费概念。所谓幸福，“是处于一定时空状态下的人们在从事改造世界的实践活动中，由于感受和体验到理想目标的接近或实现而得到身心满足与愉悦之感，即一定条件下使人的心情舒畅的生活与境遇。”[1] 事实是，人们是否幸福与消费多少没有太大关联。伦理心理学研究也表明，消费与幸福之间是非线性平衡关系，超过了一定的界限，消费与幸福还会呈反比关系。

人们在未达到物享受的适度范围时，本能会驱动我们努力工作，以获

[1] 孙希有：面向幸福的经济社会发展导论，北京：中国金融出版社，2005：17.

取物质资源，而当超过这一范围时，却没有一种本能驱使我们返回“适度的范围”。物质消费的膨胀使人忙于消费忙于挣钱，压缩了自由时间、休闲时间，忽略了家庭幸福。而多数人对自己的工作并非多么热爱，于是塞托夫斯基发出了惊人之语：“什么东西使我们认为收入好，而且越多越好呢？收入常常是做不愉快工作的报酬，有时更多的收入意味着做更多的不愉快的工作。”❶

过度消费不仅造成资源浪费、环境恶化，而且也严重危害了人的健康。健康不但包括生理健康而且包括心理健康、社会关系良好及道德健康，并非消费越多就越利于人的健康。如果人们沉醉于物质欲望的追求，人将沦为物质的奴隶。过度的物质消费往往以精神消费的萎缩为代价的，人将因此变得自私、狭隘、愚蠢和消极。失去了自由，失去了健康，失去了家庭和睦，为了满足虚假的需求而“充分”地从事自己并不喜欢的工作，这样的生活显然是毫无幸福可言的。

近年来，我国人们已认识到过度消费不仅不能带来健康、快乐，反而与人的本性、与大自然相悖；高品质的生活并不是浪费、奢侈消费，而节约消费也并非就不是高品质的生活。这些转变表明了我国消费者可持续消费观念的形成和社会责任意识的显现。

勤俭节约是中华民族的传统美德，也仍是目前大部分中国人奉行的消费原则，在中国农村尤其突出。勤俭节约的消费习惯有其合理的一面，我们需要发扬、继承这一部分，比如高效益地利用消费资料，充分发挥资源的使用价值，防止浪费。但也要知道，和谐消费不等同于简单的勤俭节约，更不等同于过分节制。和谐消费肯定并不断满足新的、正当的消费需求，并且不鼓励人们毫无目的的储蓄，而克制合理、适度的消费。

（二）树立消费的责任意识

消费是一种社会性行为，每个人的消费都会对自然、他人和社会产生

---

❶ 郑也夫：后物欲时代的来临，上海：上海人民出版社，2007：134.

一定的影响。消费者要实现和谐的生活消费，必须要有消费的社会责任感。否则，即使政府营造了和谐消费的制度环境、企业奠定了和谐消费的技术基础，和谐消费也难以成为人们自觉选择的消费方式。所以每个人在自由消费的同时，要做一个有责任的消费者。

所谓消费者社会责任，是指消费者在满足自身消费需要的同时要保护和改善生态环境，达成生态文明型消费方式，实现良好消费秩序所应履行的社会责任。消费者社会责任的主要内容是符合生态规律下的理性消费，具体应表现为以下几个方面。

1. 消费者自觉监督、抵制破坏生态的活动，履行生态责任

消费者不仅要捍卫自己的消费权益，而且还要捍卫生态权利和义务，自觉监督、抵制破坏生态的活动。与企业家、政府一样，消费者有权占有和使用公共的生态资源，有权要求所使用的商品有利于环境保护。当发现生态资源被侵占、环境被污染，商品消费导致环境遭受破坏，从而影响到人们的健康乃至生命时，广大消费者应该自觉站出来抵制这些政策和活动。中国政治文明建设的一个重要内容是公众监督，国家权力受到人民的监督是人民主权原则的核心所在。消费者履行生态责任，对企业和政府进行有效的监督，首先要树立环境保护的监督意识。促使企业在生产经营中、政府在行政决策时进一步节约资源，降低能耗，减少污染，达到生态消费的目的。其次，消费者要自觉提高生态法律意识，掌握运用生态法律规范的技能和生态知识，懂得和习惯用法律来维护自己的生态环境权利，在全社会形成生态保护的法制观念。

2. 消费者应当采取适度的消费方式

这是消费者承担社会责任的日常体现，它不能仅仅是道德感召下的偶尔行为，而应当是法律所明确的一种义务。比如选购绿色产品、拒绝使用一次性用品、不食用野生动物、不购买过度包装物品、节约用水用电等。目前许多国家都对垃圾分类和定点排放等问题进行了立法规定，很值得我国仿效和借鉴。

二、提高消费素质

消费者不仅要具有人本观、公平观、生态观等和谐消费的观念。还必须具有践行和谐消费所需的各种素质和能力。美国学者皮特金认为，包括生态危机在内的全球问题首先是人的问题，除了改善人的素质外，就没有扭转全球局势的其他出路。由于消费者具有高度的消费分散性和消费自主性等特点，以及消费伦理观的改变具有非强制性，因此除了政府的教育引导、媒体的舆论导向之外，还需要人们进行消费自我教育，掌握消费维权的法律知识、技能，学习生态知识与提高生态消费力，增强价值判断和自主选择能力。消费者应树立科学、合理、健康、文明的和谐消费观念，养成良好的消费行为习惯，提高消费者素质，促进消费者身心全面发展。

1. 消费者要学习消费法律知识，强化消费维权意识

消费者的利益是每一个公民的基本利益，所以消费者利益能否受到保护是关系到社会是否和谐、关系到每一个人切身利益的重大问题。在现代消费中，消费者权益受损事件层出不穷，严重损害了消费者的身心健康。消费维权固然需要政府的制度约束和完善的政策保障，但是作为消费者也应该增强自我防范意识，拿起法律的武器，维护自己的消费权益。

消费者应当通过多种渠道比如电视、广播、网络、书刊等途径，了解消费者权益保护的相关条例，了解有关消费者享有哪些权利，权益保护的具体事项等。以增加自身的法律知识，不断提高防伪能力，在合法权益受到侵害时，能有法有据地与侵害行为进行斗争。当每一个消费者都具备一定的维权知识和不畏强势的维权精神时，不法经营活动将失去藏身之地，消费者与经营者之间才能实现真正的平等共处。

2. 不迷信广告宣传，增强自我判断、自主选择能力

目前，广告已成为消费者购买商品的重要依据之一，但是由于市场上的许多广告并不真实，对产品进行了不切实际的夸大，容易误导消费者。所以，消费者应该实际地了解市场，关心产品情况，不盲目相信广告宣

传。在选购商品时要亲自考查商品的品牌、质量、价格、服务等多种因素，使消费理性化、自主化。

另外，消费者要了解并掌握环境保护、改善生态、合理利用资源等知识，强化资源环境意识，形成生态消费观念和行为习惯。

三、选择自我实现的生活方式

早在1956年，德国社会市场经济之父艾哈德就曾指出，仅通过物质富裕并不能使人变得幸福，因此要开启新的人的存在的内涵。除了物质的消费享受与财富的积累之外，人最本质的、最重要的就是通过其个性所表现出来的精神上的自我实现。所谓自我实现或者叫自我完善、自我成就，是充分实现、发挥自己的潜能，使自己成为一个最有价值的人。这种自我实现固然需要以一定的物质需求的满足为依托，但它所涉及的内容远远超越了那简单短暂的享乐欲望。比如理想目标的激励、人际交往的快乐充实感受、探索奥秘的喜悦、对自然的审美体验、对生命价值的感悟等等。因而，我们必须放弃那种不能实现自我，又要大量消耗资源的消极的、非自主性的消费方式，倡导自主性的消费方式。

（一）回归自主的消费方式，达成自我实现

所谓自主的消费方式，是指消费并不只是通过外在的刺激达到被动的满足，而是自我实现的一种方式。[1] 在自主消费中，消费品的刺激能激发人的自我活动，使人们在消费中投入心理能量。这种能量使人们专心致志地参与其中而获得一种深刻的体验，从而拥有一种独特的、不可替代的自我价值。

回归自主的消费方式，要求人们在日常生活中加强自我约束，从小事做起。和谐消费是一种非常细致入微的生活方式，它不但要求人们在大的消费支出中讲究合理、适度，而且在微小的生活细节上也要求消费者重视

---

[1] 何建华：经济正义论［M］，上海：上海人民出版社，2004.

环保、杜绝浪费。圣雄甘地断言："要想世界改变，就把自己当成这个改变。"人类学家玛格丽特说："不要怀疑一小群人改变世界的力量。"

实际上，做到这些生活小事并不难。例如，串联式的使用可以实现节约用水，用淘米水来洗碗筷、洗瓜果，然后用洗菜水来冲厕所，用洗脸水、洗澡水来拖地板等。尽量用蓄电池或可充电的电池，少用普通电池；离开房间时关掉电灯和空调；尽量坐公交车，少驾车，减少汽车尾气的排放；尽量用散装的茶叶，少泡茶包，节省资源，减少污染；商场购物自带购物袋，拒绝使用塑料袋；不使用一次性制品等等。如果人人都对环境抱着友好的态度，从自我做起，从小事做起，去保护一棵草、爱惜一粒米、节约一滴水、惜用一张纸，将会减少许多资源浪费。这个与人们的生活息息相关的生态环境将会更加美好，人们将会感到更加快乐、幸福。

（二）加大精神消费比例，使物质消费与精神消费基本均衡

和谐消费不仅强调基本物质需要的满足，更倡导人的精神追求的满足。选择自我实现的生活方式，还应该增加消费中精神消费的比重。精神消费需求是人们需求的重要组成部分，可以增强人们对社会发展的人文思考和道德关怀，丰富人们对生存意义和生命价值的认识和体验，实现人的全面自由发展。

在传统消费时代，因为社会发展水平低，物质产品贫乏，人们的消费生活以物质为核心。到了物质文明高度发展的现代社会，仍然以物质作为消费生活的重点，将远远不能满足人们的发展需求。如果说工业文明时代提高了人类的物质生活水平，那么生态文明时代的重要特征则是通过精神生活的优化显示出来的人类生活质量的改善。

随着经济和社会的发展，一方面人们在满足基本的物质需求之外追求过多的奢侈品，人变成物质的奴隶，人的生活境界降低了，朝着畸形、片面的方向发展。另一方面随着人们的精神需求日益扩大，精神需求的不满足也逐渐突出。有的经济发达地区出现"文化沙漠"现象，物质财富高速

增长而精神财富极度匮乏，人的全面发展没能和经济发展同步，症结就在于精神消费没有跟上。人的全面发展是与精神消费紧密相联的，因此，应该通过消费尽量满足人们的文化需求、娱乐需求、教育需求以及生态需求等精神需求，努力实现人的全面自由发展。

（三）创新消费品的获取方式

俗话说“有钱不买半年闲”，从经济学的角度看，闲置是最大的浪费。然而，在许多平常老百姓家里物品闲置是很普遍的现象。例如，价值不菲的健身器材在经过购买之初的狂热之后，就被遗弃在角落里沾满了灰尘；衣柜里挂着太多的仅穿过几次就不再问津的崭新衣服；被堆放在地上的一箱箱玩具和图画书，孩子们再也不感兴趣。这些闲置物品“弃之不舍，留之不用”，不仅给生活带来不便，也造成很大的浪费。

造成闲置与我们获取消费品的方式有直接的关系。通常人们通过购买而获得消费品，得到了它的所有权和支配权，但却很难最大限度地发挥其功能和效用。

为了避免因闲置带来的浪费，人们应该以租赁商品使用权的方式替代传统的购买方式，租赁的物品小到儿童玩具、照相机、手机等，大到汽车和住房，尤其在当前房价高昂、住房分布贫富悬殊的现实中，租房于老百姓于房产经济都是最可取的方式。在韩国，小朋友喜欢到“绿色玩具图书馆”租赁玩具和书籍，只要缴上少量的登记费，即可免费租用到自己满意的玩具或书本。我国目前虽然也有类似的服务，可是商品的范围比较狭窄，也没有在社会广泛推行。我国要大力发展商品租赁行业，需要拓宽经营范围以及取得社会的普遍认同。从商品所有权的转让变成商品使用权的让渡，经营者通过收取租金而获得利润，消费者只付出少量的费用而获得使用权。这种新型的消费方式不仅为消费者节省了大量的开支，而且可以最大限度发挥商品的使用价值，促使材料使用的最少化，产品使用的最大化，减少资源浪费和环境污染。

第三节　大众传媒的正确导向

江泽民同志1996年9月26日视察人民日报社时指出："舆论导向正确，是党和人民之福；舆论导向错误，是党和人民之祸。"大众传媒应发挥其特有的舆论导向优势，积极宣传和谐消费，营造的和谐消费环境。

一、加强社会道德责任

除了前文阐述的虚假的广告宣传外，一些传媒为了追求经济利益，不顾职业道德约束，有偿新闻、失真报道、虚假专访等屡屡出现，造成了恶劣的负面影响。在消费领域则引起了消费价值观念的困惑和混乱，干扰了消费者的理性判断。因此，我们必须加强对大众传媒的监督管理，建立和健全相关政策法律法规，强化其社会道德责任。

比如，当假冒伪劣产品频频侵害消费者利益甚至危及消费者的生命安全时，媒体应该以消费者利益为重，通过曝光、分析一些典型案例，教会消费者如何识别伪善，如何用法律武器保护自己，维护消费权益。媒体可以开设专栏，聘请专家学者剖析消费主义对人、社会和自然环境的危害，介绍和谐消费知识等。在这方面国外有许多成功的例子，《为拯救地球你能做的五十件易事》已经在美国卖出了350万册，《绿色消费者》在英国也是畅销书。这些书籍介绍关于保护地球的各种信息和实践方法，引导人们应该消费什么、不应该消费什么，起到了很好的社会效果，许多消费者开始反对消费主义，追求简单和谐的生活。

另外，随着现代信息技术的迅猛发展，手机短信、互联网等具有巨大市场潜力的新型传媒得到广泛发展。为此，我们迫切需要了解新型传媒对社会舆论影响的特点，加强对网络、手机短信等的监管，让新型传媒为我们所用，使其在正确引导社会舆论的过程中发挥积极作用。

二、积极宣传和谐消费理念

在消费领域，现代传媒对人们的消费观念、消费习俗、消费伦理等消费文化因素方面的影响深远。20世纪90年代，随着我国经济的迅猛发展，大量物质、精神产品被开发，消费渠道更加多元，消费信息更加丰富，市场由卖方转向买方，消费者地位更加突出，我们开始进入一个新的消费时期。在这种情况下，媒体充当了引导者，对衣食住行、娱乐方式、审美情趣、生活方式、休闲方式等方面进行贴心服务与指导。报纸、电视台、电台通过大量具有震撼力、影响力的广告，制造着流行与时尚。

同时，媒体的消极作用也是十分明显的。在消费价值观念滞后的状况下，随着人们消费能力的提高和消费者地位的上升，消费的不理性状态有所扩大，炫耀式消费、盲目攀比、奢侈消费风气开始出现。一些城里人物欲过度膨胀，沉溺于感官刺激，追求虚荣，盲目跟风，这些都给社会风气带来负面效应。在这方面，媒体往往充当了教唆者的角色，在夸饰繁华，铺陈富贵、津津乐道于感官享受的同时，为消费注入了不健康的成分。

在具体操作上，我们要充分利用各种传媒的广泛传播作用，加大社会主义和谐消费文化的宣传和引导。提倡人本消费、公平消费、生态消费等科学合理的消费理念，反对铺张浪费、盲目攀比、炫耀消费、非理性消费、非法消费等不和谐消费。要把深入持久地宣传和谐消费理念、进行消费伦理教育作为一项长期的、系统的任务来完成。充分发挥媒体宣传的造势功用，让和谐消费理念广为普及，成为全体公民的广泛共识，抵制消费主义，引导人们为人的全面发展和社会可持续发展而消费。

三、重视广告伦理的约束作用

现代传媒在利用广告宣传追求经济利益的同时，必须遵循相应的伦理道德规范，承担相应的道德责任和义务，实现经济利益与道德责任和义务的有机统一。

首先，广告宣传要符合真实性的根本要求。真实性是广告宣传的立身之本，是广告宣传必须遵循的最根本的伦理规范。广告宣传的本质属性是经济性，部分经营者由于缺乏消费伦理观念约束，难以抵制经济利益的诱惑，以至于为谋一己之利见利忘义，夸大甚至虚假宣传、欺骗消费者。据中国消费者协会统计，“1998 年共受理消费者投诉 667016 件，其中虚假广告占总投诉的 1.58%；1999 年共受理消费者投诉 720410 件，其中虚假广告投诉 13932 件，占总投诉的 1.93%；2000 年消费者投诉 706496 件，其中虚假广告投诉 14263 件，占总投诉的 2.02%；2001 年上半年共受理消费者投诉 336721 件，其中虚假广告 7785 件，占总投诉的 2.31%。”❶ 特别是闹得沸沸扬扬的“安徽阜阳奶粉案”、“石家庄三鹿婴幼儿配方奶粉案”引起了人们的惊醒和深刻反思。虚假广告的背后除了缺乏伦理道德约束的之外，也同时暴露出了我国立法的不健全和完善，让一部分人有机可趁。

其次，广告要符合健康向上、优美得体的基本要求。媒体要屏蔽那些庸俗的、消极的以宣传消费主义、享乐主义为主题的广告，它们与积极向上的社会主义社会舆论相违背。要提倡内容健康向上、形式优美的广告，以此丰富人们的精神文化生活，提升人们的道德境界和审美情趣，从而获得消费者的喜爱和认同，实现经济效益与社会效益的双赢。

第四节　政府践行和谐消费的对策

政府既是消费政策、制度、法规的制定者，也是一个特殊的消费主体，对整个社会的消费具有导向性和示范性。政府应该从管理者和实践者的双重层面规范自身消费活动。政府是一个特殊消费者，它的消费分为满足政府自身运转需要的管理消费与满足政府提供公共需要的公共消费两

---

❶ 乔法容、朱金瑞：经济伦理学，北京：人民出版社，2004：242.

种。政府为了实现其职能向纳税人征税，从而形成了公共收入。下面探讨政府的职能消费的实现。

一、树立消费效益意识

只有政府自身首先成为和谐消费的榜样，才能引导人们去践行消费的和谐理念。亚当·斯密曾说："地大物博的国家，固然不会因私人奢侈妄为而贫穷，但政府的奢侈妄为，却有时可能把它弄得贫穷。"构建节约型政府是和谐消费的题中之义，为了促进经济社会的可持续发展，我国政府在职能消费中，必须树立消费效益意识。

（一）控制行政成本，杜绝浪费

政府不可持续的行政管理消费不但无情浪费了社会资源，给经济和社会的发展带来不利的影响而且损坏了政府的公众形象，增添了执行公务的难度。所以，政府杜绝消费中的浪费现象，实现有效的、节约的消费成为当务之急，这就需要认真研究行政成本问题，培养政府消费效益意识。从经济学上讲，政府消费效益就是政府行政成本与消费收益的比率，凡用最少的行政成本获得最大收益的则消费效益就高，反之则低。行政成本是指政府在履行职能过程中所消耗的人力、物力、财力的总和。

行政成本是影响行政消费效益的关键因素，为了提高职能消费效益，政府应加强行政成本管理，概括起来就是：第一，行政成本投入要重论证。对行政成本的投入尤其是重大的投入，必须进行必要的科学论证。目前这一点常常被忽视，出现行政成本投入缺乏科学根据，目标不明确，使用不规范甚至任意挥霍公款等现象。第二，行政成本管理要重控制。要对行政成本的使用进行指导、限制和监督，及时发现实际投入与预算投入之间的偏差并采取纠正措施，实现以较少的成本投入完成高效益的行政管理。第三，行政成本产出要重效益。分析行政主体是否以少的行政成本投入实现多的有效行政产出，并以此为标准，对行政主体进行奖惩、升降等。

要达到以上要求，实现和谐的政府职能消费，除了政府树立牢固的消费效益观念，还需要公职人员具备较高的道德素质。

（二）提高公职人员道德操守

为政之要，在于用人。构建节约型政府，实现政府和谐消费，需要加强公职人员队伍建设，提高公职人员的道德素质。

第一，要强化公职人员的服务意识。公职人员要具备全心全意为人民服务的理念，明确政府消费的最终目的是取之于民、用之于民，为人民群众谋福利。作为一个公职人员应该利用国家给予的权力为广大人民用最少的成本谋最大的利益。

第二，要树立公职人员的节约意识。养成节约意识是建设节约型政府的重要前提，政府机构的节能节支不仅可以提高资源利用效率、减少能源消耗，还能通过政府的示范作用，提高全社会的节约意识以及推广节能技术。因此，政府部门应当成为社会节约的表率，公职人员要率先垂范，厉行节约，反对浪费。各级政府公职人员要真正从思想上提高认识，既要有节约资源的责任感和紧迫感，又要树立“浪费就是腐败”、“节约是美德”的荣辱观，使节约意识变成真正的“节约意志”。总之，政府及公职人员自觉节约，既能树立政府的良好形象，又对全社会起到良好示范，更能对构建节约型社会、实现和谐消费起到重要作用。

二、建立制度性约束机制

政府消费是典型的“花别人的钱给别人办事，既不讲节约也不讲效果”。这在一定程度上容易瓦解人的道德底线，因此，除了道德的规范，还必须对政府职能消费给予制度的规约。

（一）完善政府采购制度

当前，为了规范政府的消费行为，加强行政支出的管理，提高政府职能消费效益，许多国家普遍采取政府采购制度。我国从2002年起正式实施政府采购制度，采购规模逐年扩大，到2006年已经达到3000亿元。目前我国政府采购制度对进一步推进政府职能的和谐消费仍有巨大的空间，现实的政府采购也存在许多的误区。比如采购部门与各职能部门的利益矛盾，采购审批制度形同虚设等等，其中最突出的就是重视采购过程，忽视采购的预算编制和审批工作。

事实上，政府职能消费的浪费往往是由于后者把关不严造成的。政府采购事业中的节约，首先应该是采购之前的消费项目审核、确定，其次才是采购过程中如何“花最少的钱”买到最好最多的商品。在编制和审批采购项目时，应进行严格的“功能”分析，按照国家的限制标准进行审查，对于不符合的部分一律剔除，只有在源头上把好关，才能杜绝政府职能消费中的浪费现象，才能节约财政资金。

当前加强政府采购项目的编制和审批应突出如下几方面：首先，以“需要”为依据。是否必要采购，关键要看采购对象的功能是否是社会公共所需要的。其次，以成本为依据。有些功能虽然是必要的，但其“成本”和代价过高，就不一定必要。最后，以“功能的必要度”为依据。根据功能的轻、重、缓、急，优先考虑采购非常必要、必须及时的功能。

（二）严格财政支出制度

当前我国许多财政支出的规定不利于公私分开，一些人可以利用财政支出制度的漏洞，把个人的消费内容轻易地变成政府的消费项目。德国的法律规定，总理的豪华防弹公车只能在工作中使用，否则必须付费。这样到了周末，总理只好开着破旧的私家车出门，而保镖们则乘坐豪华的防弹轿车跟在后面保护他。这个实例说明，有严格的财政支出制度的约束，官员们自己会想方设法地节约。目前，我国财政制度的完善最紧迫的任务是将各种预算外、制度外资金统一到预算控制之内，形成真正完整、统一的政府财政，用严格的财政支出制度约束政府的职能消费行为。

江西泰和苏溪镇对政府为了合理使用财政支出，对用电、办公电话实行最高限量制度。用电的最高限量为：科级干部每月 8 度，一般干部每月 6 度。办公电话费最高限量为，镇办公室每月 130 元，镇党委书记、镇长每人每月 110 元，财政所、计生办每月 50 元。超过部分由个人负担，节约部分归公。新的财政支出制度使每年节约了 2 万余元的开支，这对于一个普通的乡镇机关来说是一笔不小的财政经费。❶

（三）健全政府消费的监督机制

政府的消费资金来自纳税人，纳税人有权知道这些钱是怎么消费的。而目前在我国，老百姓很少知道政府财政预算的编制情况以及资金的具体去向。缺乏公众监督，就免不了出现“政府浪费”。

首先，要求政府消费信息公开、透明，提高民众的知情权和监督权。否则接受人民的监督也是一句空话、套话。美国政府部门的所有支出都要上网接受纳税人监督。为了遏制政府部门的浪费现象，日本实施了有效的司法审查，即行政法上的居民诉讼制度。全体国民都可以监督各级政府的公共财产的使用，有权起诉任何不符合法律规定的财政支出行为，即使与自己没有利害关系。

其次，还需要改革传统的上级对下级的监督机制，建立横向的监督体系，使审计、监察等监督部门具有足够的实际权力，能独立行使监督职能。当前应尽快制定出政府职能消费的具体标准，有了这些标准，监督才有章可循，有法可依，才能取得良好的监督效果。

最后，建立健全科学的政绩评估机制。将节约资源的责任和实际效果以及行政成本纳入干部考核体系和各级政府的目标责任制之中，强化各级政府行政消费效益意识。政府应该变革干部考核指标，建立“绿色 GDP”考核制度。传统的 GDP 是单纯的经济增长概念，它只反映国民经济收入总量，不统计环境污染和生态破坏数据。绿色 GDP 则力求将经济增长与环境

---

❶ 徐瑞蓉：可持续消费的理论与实践［D］，福州：福建师范大学，2007.

保护统一起来，综合性地反映国民的经济活动的成果与代价。把资源环境的消耗纳入国民经济的独立核算体系，体现其生态价值。“绿色 GDP”为政府的环保考核提供了参考标准，这种以生态优先为根本价值取向的考核标准，有利于各级政府树立正确的政绩观，使各级干部由原来只关心经济增长指标变为全面关心经济、资源、环境、社会、民生的可持续发展。

三、提供制度支持，优化消费环境

实现和谐消费，不仅要求政府规范自身消费行为，构建节约型政府，更重要的是发挥好政府的社会管理职能，加强正确消费理念的教育引导；制定合理的消费政策、制度、法规，创造良好的消费环境；规范和引导消费者、企业实现和谐消费，从而促进资源节约型、环境友好型社会的构建，实现经济社会与人的和谐发展。

（一）倡导和谐的消费理念，加强消费教育

1. 倡导和谐消费的理念，确立科学的消费价值观

在当代，社会的多元化决定了价值观的多元性，政府应帮助消费者在复杂多样的商品社会中确立科学的价值观，学会正确判断，进行自由的选择。

针对人们缺乏商品、消费知识，政府要开设有关讲座、宣传，帮助人们正确认识商品。针对人们错误的消费观念，政府要积极倡导健康的消费观念。如提倡理性消费，反对超前消费、攀比消费；提倡勤俭节约，反对奢侈消费、炫耀消费；提倡精神文化消费，反对片面的娱乐性、消遣性消费；强调科学健康的消费，反对不合法、不道德的消费等等。

针对消费者盲目追求名牌，企业制造假货、以假货充当名牌的现象，政府应该树立人们的诚信意识和用“假货可耻”的观念，进行产品质量法、消费者权益保护法、反不正当竞争法等知识的教育，倡导人们积极反假、打假、不用假。

针对浪费资源、污染环境现象，政府要帮助人们树立消费者责任的意识，培养可持续发展观，倡导绿色消费。教育人们注意消费过程要有利于生态平衡、环境保护。从生活中的一些小事做起，节约资源、保护环境。比如节约用水用电，不浪费粮食，减少使用一次性用品，减少生活垃圾等等。

2. 重视消费教育，提高消费知识、技能

除了观念上的引导，还需要加强消费知识、意识、技能的教育。消费教育的目的是使消费者具备一定的消费知识、能力，成为清醒、明智的消费者，能在市场上做出理智的选择，以及培养消费者树立消费权利和义务意识。

第一，启动家庭教育、学校教育、社会教育相结合的方式，进行消费教育。根据我国的现状，在强化家庭教育的基础上，以学校和社会为主要渠道，将正式教育与非正式教育相结合，在全社会形成统一的和谐消费观念，培养消费者正确的的价值判断、独立的道德选择能力，引导消费者形成具有较强自主性的、合理的消费行为。在学校教育方面，要勇于创新改革，将消费教育项目引入学生综合素质培养体系，引导学生树立科学的消费观念，掌握必备的消费知识与技能，培养良好的消费行为。其次要鼓励社会力量，开展消费教育活动，支持消费者协会等社会民间组织，举办各种形式的消费宣传活动。

第二，宣传消费者权益、保护法，提高消费者的维权意识、技能。当消费者普遍具有了自我保护的意识和能力，既不会轻易地被不实的广告宣传所“忽悠”而“冲动消费”，又能用法律的武器保护自身权益的时候，那些缺乏诚信的商家将逐渐被淘汰出市场，诚信将成为社会风尚。当然，政府部门应构建良好的法律渠道和援助机制，这既降低了消费者维权的成本，使更多的消费者能够便捷地使用法律武器，保护自己的正当权益，也对改善消费环境起到积极的作用。

（二）提供强有力的制度支持，营造放心的消费环境

不管是企业消费者、个体消费者还是政府消费者都是具有独立意志的行为主体。要改变目前不和谐消费的现状，单靠教育、宣传引导是不够的的，因此，和谐消费的实践还得有必要的制度和政策，对消费行为进行保护、鼓励，约束、遏制。通过运用再分配等制度政策，实现公平消费；针对地区之间、不同收入阶层之间、行业之间的消费水平差异，采取有效社会保障措施确保贫困人口、低收入人口的最低消费水平，缩小差距；制定合理的产业政策、价格政策、税收政策等措施，限制过度消耗资源和破坏环境的消费等等。

1. 健全消费的法律法规及政策

法律法规及政策是保障我国和谐消费实现的重要手段，各级政府还应根据本地区的实际情况，制订和完善消费法律法规和政策，引导人们和谐消费。

重点做好以下工作：第一，消费政策要面向普通民众。首先，面向普通民众调整消费政策，尤其要面向广大农民。新的消费制度、政策，要能创造新的消费需求，要能促使城乡居民改变传统的消费结构和消费习惯，使之成为引导居民消费的杠杆。

其次，制定分层的消费政策。应该从实际情况出发，根据不同消费者的消费需求与消费水平，制定不同的消费制度、政策，制造多元的消费热点，引导不同层次的消费，培育不同层次的消费群体。根据不同的消费层次，目前消费大致分为五个层次：贫困型、温饱型、温饱向小康过渡型、小康型和富裕型。

第二，加强法律机制。政府要制定和完善法律法规，运用法律手段引导个人消费、企业消费者和政府消费走科学、合理的和谐消费之路。主要做法是：首先，要加强消费者权益保护的法制建设。政府要为保障消费者消费权益不受侵犯、约束企业行为以及解决消费争端提供完备的法律环

境，让消费者可以放心、自由地消费。

其次，完善环境保护的法规政策，为企业、民众提供参与环境保护的法律和道德的依据。从西方国家环保的经验来看，我国开展环保工作的有效途径是采用“政府为主，市场为辅”的机制，政府要在环保工作中发挥主导作用，除了要继续完善环境法规的建设，填补环境立法的空白，还要加大环境法规的执行力度，坚决同违法分子斗争到底，执法必严。

2. 健全市场机制，优化市场环境。

为了使广大消费者放心大胆消费，必须健全市场机制，加强对市场的监督、管理，加大对市场违法行为的处罚。只有这样，才能使企业重视诚信，以消费者为本，生产大量优质产品；才能使消费者具备良好的消费心态和理性选择的能力；才能使消费环境安全、和谐。要充分发挥质量技术监督、工商管理、卫生执法等政府监管机构的作用和民众参与监管的积极性，规范市场秩序，维护消费者权益，持续营造放心消费环境。有针对性地解决一些现实问题，目前，亟需针对食品、药品、医疗器械、商品房及建材装修等商品推行放心消费工程，针对电信、保险、金融、旅游、教育等服务开展诚信工程、反垄断工程。另外，还要重视农村市场体系建设，培育一批面向农村的商业龙头企业，以连锁经营、物流配送、电子商务等为基础的现代流通方式，促进商品下乡，以改善农民的消费结构，提高农民的消费水平，促进新农村的建设和发展。消费环境促使消费的增长，而消费的增长又促使人们生活的质量提高，促使和谐社会的形成。

3. 建设城乡统筹的社会保障制度，抑制消费差距扩大

调整和制定消费制度还要注意消费的差异性问题。消费的差距过大不但不符合消费的公平原则，影响社会稳定，而且也严重抑制了消费需求增长，继而影响经济发展。因此，要本着提高低收入阶层基本生活需要和消费水平的宗旨，健全城乡社会保障制度，扩大社会保障的覆盖范围，提高农民和城镇居民的收入水平。目前我国仅有约 10% 的人口享受到社会保障制度带来的好处。从这个实际出发，当前应该主要完善社会救助制度和社

会保险制度。在社会救助方面，由于大多数城市已基本实行最低生活保障制度，应该把工作重心转移到农村，扩大农村救助的范围和对象，使其逐步向城市靠拢。在社会保险制度方面，则要重点扩大医疗保险和养老保险的覆盖范围，建立包括农民在内的全体国民的保险制度，实行城乡统筹。建立健全社会保障体系，不断提高低收入阶层的消费能力、消费信心，防止和消除消费分层，缩小消费差距。

4. 合理调整收入分配制度，扭转收入差距扩大化的趋势

一直以来，我国收入分配结构呈“金字塔型”，这种不平衡的财富分配结构影响了居民消费预期，严重弱化了社会总消费能力。为扭转收入差距扩大化的趋势，中央号召要积极推进收入分配制度改革，努力构建“橄榄型”收入分配结构，缓解地区之间和部分社会成员收入分配差距扩大的趋势。

一方面，要进一步完善个人财产登记制度，明确个人收入来源，以及加强监督约束机制，防止非法收入，以调节过高收入，扩大中等收入群体，减少低收入群体。

另一方面，要积极推进税收体制改革，运用税收制度调节收入分配。具体来说，强化个人所得税在调节收入的作用，把调节的重点由中等收入阶层转向高收入阶层；改革个税征收方式，实现由分类征收过渡到分类与综合相结合的方式，最终转向综合征收；扩大消费税的税基，把高档消费品纳入到征税范围，提高消费税平均税率水平，来调节高收入阶层、高消费人群的税负水平；改革累进税率的设计，降低中等收入阶层税率累进的幅度；开征不动产税、赠与税、遗产税等财产税，控制个人所得的超快增长等等。

后　记

当前大量不和谐消费现象的存在，严重影响了经济社会的发展，和谐社会呼唤和谐消费。和谐消费是构建社会主义和谐社会的一个重大课题。然而，国内对和谐消费的研究不成熟，和谐社会的构建还缺乏消费理论方面的支撑。相信本书的探索和反思能对我国消费理论和实践研究产生一定的积极意义。

本书从马克思主义消费理论出发，在构建社会主义和谐社会的宏伟目标指引下，探讨了消费与经济发展、消费与自然环境的优化、消费与人、社会的全面和谐发展关系，对和谐消费的内涵、本质属性、层次、基本理念以及具体实践要求等进行了有益的探索，对我国消费现状中的不和谐现象进行了一定的反思。提出了消费要遵守人本、公平、生态及全面均衡的理念等，从而促进人与自身、人与人、人与自然的全面和谐，实现和谐消费，促进和谐社会的构建，最终实现人的自由全面发展。

本书企图从多学科的角度对和谐消费进行系统研究，但由于笔者有限的逻辑分析能力和理论综合能力，在观点上还存在很多肤浅之处。消费的研究课题涉及到经济、社会、文化的各个领域，这需要在今后的研究中继续深入把握多学科理论的思想精髓，使和谐消费的理论研究更加深入更加系统。如关于和谐消费中和谐“度”的界定与和谐指标体系的科学构建，和谐消费系统诸要素的整体协调模型研究等等，尚待笔者在后续研究中付出更多努力来进一步探索。希望本书能起到抛砖引玉的作用，期待更多的学者关注和研究和谐消费问题，从而不断丰富中国特色社会主义消费的理论成果，增强对社会主义经济发展的实践指导作用。

参考文献

[1] 马克思恩格斯选集（第2卷）[M]．北京：人民出版社，1995.

[2] 马克思恩格斯全集（第3卷）[M]．北京：人民出版社，1960.

[3] 马克思恩格斯全集（第3卷）[M]．北京：人民出版社，1965.

[4] 马克思恩格斯全集（第12卷）[M]. 北京：人民出版社，1998.

[5] 马克思恩格斯全集（第16卷）[M]．北京：人民出版社，1980.

[6] 马克思恩格斯全集（第20卷）[M]. 北京：人民出版社，1972.

[7] 马克思恩格斯全集（第20卷）[M]. 人民出版社，1975 .

[8] 马克思恩格斯全集（第42卷）[M]．北京：人民出版社，1979.

[9] 马克思恩格斯全集（第46卷）（上）[M]．北京：人民出版社，1979.

[10] 马克思恩格斯全集：第46卷（下）[M]．北京：人民出版社，1980.

[11] 恩格斯. 自然辩证法 [M]．北京：人民出版社，1971.

[12] 马克思. 1848年经济学哲学手稿 [M]. 北京：人民出版社，2000.

[13] 列宁全集（第34卷）[M]．北京：人民出版社，1985.

[14] 列宁全集（第40卷）[M]．北京：人民出版社，1986.

[15] 列宁全集（第40卷）[M]．北京：人民出版社，1986.

[16] 斯大林文选 [M]. 北京：人民出版社，1962.

[17] 毛泽东选集（第1卷），北京：人民出版社，1991.

[18] 毛泽东文集（第7卷），北京：人民出版社，1999.

[19] 邓小平文选（第3卷），北京：人民出版社，1993.

[20] 邓小平文选（第3卷），北京：人民出版社，1993.

[21] 邓小平文选（第2卷），北京：人民出版社，1994.

［22］邓小平文选（第3卷），北京：人民出版社，1993 .

［23］邓小平文选（第3卷），北京：人民出版社，1993.

［24］邓小平文选（第3卷），北京：人民出版社，1993.

［25］江泽民论有中国特色社会主义（专题摘编），中央文献出版社，2002.

［26］江泽民：在中国共产党第十六次全国代表大会上的报告，2002.

［27］江泽民：在中共中央纪委第二次全会上的讲话，1998.

［28］江泽民论有中国特色社会主义（专题摘编）中央文献出版社，2002.

［29］江泽民：在中国共产党第十六次全国代表大会上的报告，2002.

［30］胡锦涛：在中央人口资源环境工作座谈会上的讲话，人民日报，2004.

［31］1984 年中共中央关于经济体制改革的决定.

［32］国家环境保护总局等：新时期环境保护重要文献选编，北京：中央文献出版社，2001.

［33］胡锦涛：在中国共产党第十七次全国代表大会上的报告，北京：人民出版社，2007 .

［34］［德］黑格尔著，朱光潜译：美学（第1卷）［M］，北京：商务印书馆，1979.

［35］［古希腊］亚里士多德著，苗力田译：尼格马科伦理学（第5卷）［M］，北京：中国社会科学出版社，1982.

［36］［美］威利斯·哈曼：未来启示录［M］，上海：上海译文出版社，1988.

［37］［英］马歇尔：经济学原理（上册）［M］，北京：商务印书馆，1965.

［38］［美］约翰. 罗尔斯著，何怀宏等译：正义论［M］，北京：中国社会科学出版社，1988.

［39］乔治·恩德勒等主编，李兆荣、陈泽环译：经济伦理学大词典［M］，上海：上海人民出版社，2001.

［40］［美］艾伦·杜宁：多少算够——消费社会与地球的未来［M］，吉林：吉林人民出版社，1997 .

［41］［芬兰］尤卡·格罗瑙：趣味社会学［M］，南京：南京大学出版社，2002 .

［42］［英］戴维·米勒著，应奇译：社会正义原则［M］，南京：江苏人民出版社，2001.

［43］［英］迈克·费瑟斯通著，刘精明译：消费文化与后现代主义［M］，南京：译

林出版社，2000.
[44]［英］西莉亚·卢瑞著，张萍译：消费文化［M]，南京：南京大学出版社，2003.
[45]［美］里夫金：熵：一种新的世界观［M]，上海：上海译文出版社 ，1987.
[46]［美］梅萨罗维克：人类处于转折点［M]，上海：三联书店出版社，1987.
[47]［美］弗洛姆，孙恺祥译：健全的社会［M]，贵州：贵州人民出版社，1994.
[48]［美］丹尼尔·贝尔，赵一凡译：资本主义文化矛盾［M]，上海三联书店出版社，2003.
[49]［日］堤清二，朱绍文译：消费社会批判［M]，北京：经济科学出版社，1998.
[50]［美］赫伯特·马尔库塞，刘继译：单向度的人［M]，上海：上海译文出版社，2006.
[51]［法］让·波德里亚著，刘成福、全志刚译：消费社会［M]，南京：南京大学出版社，2000.
[52] 谭培文：马克思主义文本与现实的对话［M]，兰州：甘肃人民出版社，2008.
[53] 孟秋菊：消费和谐论［M]，成都：西南交通大学出版社，2010.
[54] 赵吉林：中国消费文化变迁研究［M]，北京：经济科学出版社，2009.
[55] 马凯等：2007 中国国民经济和社会发展报告［M]，北京：中国计划出版社，2007.
[56] 曾建平：环境正义［M]，济南：山东人民出版社，2008.
[57] 何小青：消费伦理研究［M]，上海：三联书店出版社，2007 .
[58] 何建华：经济正义论［M]，上海：上海人民出版社，2004.
[59] 李建华、周小毛：腐败论——权利之癌的“病理”解剖［M]，长沙：中南工业大学出版社，2004.
[60] 辛向阳：红墙决策［M]，北京：中国经济出版社，1998.
[61] 吴俊杰，张红：中国构建和谐社会问题报告［M]，北京：中国发展出版社，2005.
[62] 耿丽萍：生存与消费［M]，北京：经济管理出版社，2004.
[63] 王宁：消费社会学［M]，北京：社会科学文献出版社，2001 .
[64] 尹世杰：消费文化学［M]，武汉：湖北人民出版社，2002.

［65］向玉乔：经济·生态·道德［M］，长沙：湖南大学出版社，2007.
［66］甘绍平：应用伦理学前沿问题研究［M］，南昌：江西人民出版社，2002.
［67］孙希有：面向幸福的经济社会发展导论［M］，北京：中国金融出版社，2005.
［68］郑也夫：后物欲时代的来临［M］，上海：上海人民出版社，2007.
［69］乔法容，朱金瑞：经济伦理学［M］，北京：北京人民出版社，2004.
［70］倪瑞华：可持续发展的伦理精神［M］，北京：中国社会科学出版社，2004.
［71］陆小禾、乔治·恩德勒：发展中国经济伦理［M］，上海：上海社会科学院出版社，2003 .
［72］胡鞍钢：中国：挑战腐败［M］，杭州：浙江人民出版社，2001.
［73］房爱卿、范剑平：我国消费需求发展趋势和消费政策研究［M］，北京：中国经济出版社，2006.
［74］冯友兰：一种人生观［M］，北京：中国人民大学出版社，2005.
［75］陈昕：救赎与消费——-当代中国日常生活中的消费主义［M］，南京：江苏人民出版社，2003.
［76］杨柳桥：庄子译诂［M］，上海：上海古籍出版社，1991.
［77］尹世杰：消费经济学［M］，长沙：湖南人民出版社，1999.
［78］卢风：享乐与生存［M］，广州：广东教育出版社，2000.
［79］樊锐：地球村：全球化与人类共同利益［M］，北京：人民出版社，2005.
［80］高清海：人的“类生命”与“类哲学”：走向未来的当代哲学精神［M］，长春：吉林人民出版社，1998.
［81］世界环境与发展委员会：我们共同的未来［M］，长春：吉林人民出版社，1997.
［82］中国环境报社：迈向 21 世纪—联合国环境与发展大会文献汇编［M］，北京：中国环境科学出版社，1992.
［83］尹世杰、王裕国：构建社会主义和谐社会之中的消费经济问题研究［M］，成都：西南财经大学出版社，2005.
［84］北京市科学技术委员会：可持续发展词语译义［M］，北京：学苑出版社，1997.
［85］李通屏：中国消费制度变迁研究［M］，北京：经济科学出版社，2005.
［86］郑永奎：经济正义论［M］，长春：吉林教育出版社，2000 .

[87]《春官·大宰》.

[88]《左传·襄公十一年》.

[89]《汉语大词典》(卷5).

[90]《联锦字典》(卷3).

[91] 李明贤、文春辉：农村消费不足对我国经济增长的约束分析 [J]，消费经济，2006 (6).

[92] 刘艳：和谐消费与消费文化的当代建构 [J]，深圳大学学报（人文社会科学版），2011 (3).

[93] 田翠琴：消费分层与消费正义初探 [J]，中共石家庄市委党校学报，2007 (5).

[94] 郑永奎：消费正义与人的生存发展 [J]，东北师大学报，2002 (4).

[95] 晏辉：消费正义及其相关问题 [J]，社会科学辑刊，2007 (4).

[96] 毛勒堂：消费正义——建设节约型社会的伦理之维 [J]，毛泽东邓小平理论研究，2006 (4).

[97] 范玉吉：论奢侈性消费对构建和谐社会的影响 [J]，东岳论丛，2006 (7).

[98] 王丽：中国奢侈消费的伦理思考 [J]，财经界，2006 (11).

[99] 李雨燕、黄波：社会和谐呼唤消费正义 [J]，江汉大学学报（社科版），2007 (3).

[100] 王裕国：调整失衡的社会利益格局，推进我国社会现代化进程 [J]，消费经济，2007 (6)

[101] 陈虎强：论面子观念——一种中国人典型社会心理现象的分析 [J]，湖南师范大学社会科学学报，1999 (1).

[102] 赵虎吉：论政治制度安排的逻辑起点 [J]，教学与研究，2005 (7).

[103] 段江波：论消费正义”三阶”原则——兼谈当前我国社会消费问题 [J]，消费经济 2010 (3).

[104] 任燕华：论和谐社会的伦理精神 [J]. 社会主义研究，2006 (1).

[105] 陈滨荣：可持续消费与清洁生产：同一个事情的两个方面 [J]，产业与环境，2000 (4).

[108] Erna Witoelar：可持续消费：我们的共同挑战 [J]，产业与环境，1996 (4).

[109] 戴慧思、卢汉龙：消费文化与消费革命 [J]，社会学研究，2001 (5).

［110］夏媛：社会公平：构建社会主义和谐社会的基石［D］，石家庄：河北大学，2006.

［111］汪海霞：追求公正——构建社会主义和谐社会的永恒主题.［D］，南京：南京师范大学，2006.

［112］刘敏：中国当代居民和谐消费方式研究［D］，成都：西南财经大学，2007.

［113］徐铁光：论和谐消费［D］，湘潭：湘潭大学，2008.

［114］申桂荣：论和谐消费伦理［D］，长沙：湖南师范大学，2006.

［115］齐蓓：论现代和谐消费理念，［D］，西安：西北大学，2009.

［116］徐瑞蓉：可持续消费的理论与实践［D］，福州：福建师范大学，2007.

［117］吕文林：唯物史观视野中的环境问题［D］．北京：中共中央党校，2003.

［118］陈都：马克思主义消费观研究［D］，桂林：广西师范大学，2009.

［119］张勇：和谐型消费伦理研究［D］，北京：首都师范大学，2009.

［120］孟叶：马克思主义消费理论及其对构建社会主义和谐消费观的启示［D］，武汉：华中师范大学，2008.

［121］宋开元：可持续消费视角下的居民消费方式变革研究［D］，西安：西安理工大学，2008.

［122］齐亚红：消费正义论［D］，北京：首都师范大学，2008.

［123］郑哲：罗尔斯正义理论与中国社会公平正义［D］，延边：延边大学，2005.

［124］张兴桥：消费异化与消费伦理［D］，长春：吉林大学，2004.

［125］张爱丰：消费哲学引论［D］，北京：中共中央党校，2008.

［126］王智、赵晓强、诸蓄：中国增幅为何减缓［N］，经济日报，2004. 4.

［127］陈铭等：更美的语言，更大的行动——本报记者感受“地球峰会”［N］，参考消息，2002. 8.

［128］李刚：我国收入差距最高达 18 倍，今日信息报［N］，2006. 12.

［129］http：//zhidao. baidu. com/question/360935119. html.

［130］http：//tieba. baidu. com/p/1994896863.

［131］Brian Barry，Circumstance of Justice and Future Generations，in Obligations to Future Generations，edited by R. I. Sikora andBrian Barry，Temple University Press，1978.

[132] Chris Steward. "Reinterpreting the DHSY – Consumption Function With Hindsight, Applied Economics", Vol. 1998, 30.

[133] Bernd Schmitt (1997), Who is the Chinese Consumer? European Management Journal Vol. 5, No. 2.

[134] Coase, R. H. "The Problem of Social Cost". Journal of Law and Economics, 1960, 3.

[135] Coase R H. The Lighthouse in Economics, Journal of Law and Economics 1974 (10).

[136] Duesenberry, J. S. Income, Saving and the Theory of Consumer Behavior. Cambridge: Harvard University Press, 1949.